○○○ 음악가 되기

○○○ 음악가 되기

김호경
인터뷰집

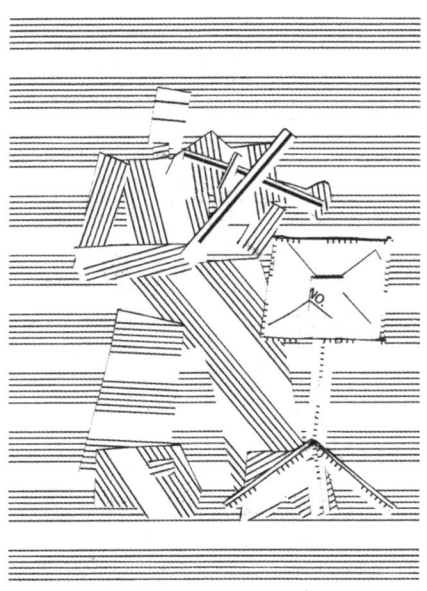

코난북스

4

"연습실 한 칸 한 칸 열고" 음악가들과 나눈 이 열한 가지 이야기는 다정하고 담담하다. 그 다정함이 얼핏 똑같이 생긴 연습실 안의 선연히 다른 삶들을 다채롭게 드러내고, 그 담담함이 '음악가'라는 특별한 사람들의 고민을, 우리들 보통 삶의 결 안에서도 잔잔히 공감할 수 있게 해준다. 그리고 그 각각의 삶, 음악 그리고 이야기들은 김호경 작가의 삶, 이야기와 만나 긴장과 이완을 만들어가며 마치 음악처럼 흘러간다. 종내에는 그 이야기들이 나 자신을 비춰, 고개를 끄덕이게 하기도 하고 미소 짓게 하기도 하며, 한숨짓게도 한다. 그러니 이 책은 이미 음악가나 음악가의 삶을 살고 싶은 사람 혹은 연습실 안이 궁금한 음악가가 아닌 사람, 그도 아니라면 음악처럼 흘러가는 담담하고 다정한 이야기를 듣고 싶어하는 모두에게 각각의 깊은 울림을 줄 것이다. **정경영**(음악학자·한양대학교 교수)

대부분 직업인의 인생은 잘하는 일과 좋아하는 일, 돈을 벌수 있는 일 사이의 교집합에 자리 잡는 과정 아니던가. 그래서 나는 늘 예술적 재능을 타고난 이들을 질투했다. 진로를 일찌감치 결정짓고 세상을 설득해버리는 탁월함의 서사가, 인생 스토리의 힘찬 발단부가 부러웠던 것이다. 이 책의 젊은 음악인 열한 명에게도 저마다 눈부신 출발이 있으나, 내게 훨씬 더 흥미로웠던 것은 이후의 전개와 위기다. 이들이 어떤 음악인이 되는가를 결정짓는 요소는 재능만이 아니다. 자본과 시간과 체력의 한계 안에서 부딪치는 어려움과 자기만의 해결 방식이다. 그 진지한 모색과 치열한 탐험이야말로 각자의 이야기를 의미 있게, 결국은 눈부시게 만든다.

클래식은 오래된 음악이라고들 여기지만, 이 책은 클래식에 종사하는 새 사람들의 새 마음으로 가득하다. 이 오래된 세계가 어떻게 갱신되어가는가에 대한 비밀이 여기에 있다. 나는 마침내 아름다움에 설득당한다.

황선우(작가·아마추어 리코디스트)

차례

○○○ **음악가 되기**

'일, 꿈, 삶'. 그리고 그 뒤에 괄호를 붙여 '(가제)'라고 썼다. 파일명은 '출간기획안'이라고 붙였다. 양식 없이 풀어 쓴 긴 글일 뿐이었지만. 신촌에 있는 어느 대학의 중앙도서관과 음악도서관을 오가며 떠올린 바를 적은 글이었다.

한 페이지 반 정도의 글 중 일부를 떼어 옮기면 이런 내용이었다.

음악도서관은 건물 근처에만 가도 악기 연습 소리가 들려옵니다. 관악기 소리, 현악기 소리 그리고 사람이 내는 소리도 포개집니다. 각각의 연습실 창문으로 새어 나오는 소리인데 연습실은 방음이 잘 되어 있으니 안에서는 자기 소리만 들리겠지요. 밖에서 들으면 오케스트라 연주회 직전 조율하는 소리 같기도 하고, 꽤 근사한 백색소음입니다. 마음이 편안해지고 기분이 좋아집니다.

별생각 없이 보면 음악도서관은 저 언덕 아래 있는 중앙

도서관과 분위기가 사뭇 다르게 느껴집니다. 중앙도서관의
분위기란 뭐랄까, 좀 전투적입니다. 다들 걸음이나 행동이
빠르고 날쌥니다. 도서관 출입부터 책 대출, 지하 카페에서
커피를 한잔 사 먹는 일에도 누구 하나 시간을 지체하는 법
이 없지요. 그에 비하면 음대 주변에서 느껴지는 공기란 꽤
차분하고 여유가 있습니다. 악기를 통과한 숨은 가쁘게 들리
지 않으니까요.

　음대 안에 들어서 줄지은 연습실 창문들을 스쳐 걷다 보
면 그 칸칸이 벌어지는 각각의 투쟁이 보입니다. 여유 있고
부드럽고 아름답게 들리는 소리를 향한 조급하고 절실한 마
음들이 한 걸음 가까이에선 들리고, 보입니다. 연습실 한 칸
한 칸을 열고 이야기를 나눠보고 싶습니다.

　이렇게 열한 명의 음악가에게 편지를 보냈다. 이메일
인 경우도 있고, 문자메시지인 경우도 있었다. SNS를 활용
하기도 했다. 열한 명의 리스트를 만드는 일은 아주 오래
걸렸지만, 연락을 취하는 일에는 머뭇거림이 없었다(그동안
내게 직간접적으로 음악적 울림을 선사한 많은 이 중 질문이 쌓인
이들로 정했다.)

이제 와 돌이켜보면 한 번의 거절도 당하지 않고 열한 명 모두와 긴 시간 이야기를 나눈 일이 조금 놀랍다. 스스로 대견하기도 하다. 어느 매체에 소속된 것도 아니고, 이를테면 연재 지면이 확보된 것도 아닌데 말이다. 이야기 들려주시면 다 모아서 책으로 낼 거예요, 하는 무소속 프리랜서 작가의 제안을 수락해준 열한 분에게 진심으로 감사의 인사를 전한다.

글의 중간부에는 이렇게 적었다.

의도한 바는 아니었지만, 지금의 저는 중앙도서관과 음악도서관을 번갈아 오가는 사람이 되었습니다. 음악 듣기를 좋아하고, 음악을 하는 사람들에 대해 궁금해하는 그리고 무엇보다 이 모든 걸 글로 쓸 수 있음이 즐거운 그런 사람이 되고보니 그들을 조금이나마 이해할 것도 같습니다. 저는 정말이지 좋은 글을 쓰고 싶고, 더 나은 작가가 되기를 꿈꿉니다. 인정도 받고 돈도 많이 벌 수 있다면 좋겠지만 그건 따라오는 결과일 뿐 내가 할 수 있는 일이란 매일매일 즐겁다고 여겨지는, 가치 있다고 믿는 일을 하는 것뿐임을 천천히 생각합니다.

좋아하는 일을 업으로 삼기로 한 그 마음에 대해, 그 기쁨과 어려움에 대해 듣고 싶었다. 연습실 문을 닫고 나와서도 도무지 닫히지 않는 머릿속 영감에 대해, 성취와 만족과 좌절과 포기 그 모든 게 불분명한, 마음처럼 쉽지도 않은 음악가의 일상에 대해 묻고 싶었다. 일, 꿈, 삶이 온통 뒤섞인, 초심자-마스터 사이의 어느 시기를 살아가고 있는 그들에게.

인터뷰를 마무리한 지금, 음악가를 꿈꾸는 청(소)년, 예술가의 태도로 삶을 살아내고 싶은 어른 모두에게 울림이 있을 거라는 처음의 기대가 틀리지 않았음에 안도한다. 자신만의 이상을 품고, 결정적인 무대를 꿈꾸며, 하루하루 보이지 않는 것들을 성실히 챙겨가며 살아간다는 점에서 이 예술가들과 '우리'는 크게 다르지 않다. 이들의 긴 이야기 속에서 삶에 조금이라도 보탬이 될 만한, 응원의 말들이 발견되기를 바란다.

책의 제목은 음악가가 되는 일 자체도 중요하고, 자기가 원하는 모습의 음악가가 되는 일 또한 중요하다는 뜻을 담아 지었다.

'○○○ 음악가 되기.'

빈칸에 '행복한'을 담고 싶은지, '건강한'을 담고 싶은

지, '오래오래 살아남을', '계속 발전하는' 혹은 '부유한', '유명한' 같은 말을 넣고 싶은지, 꼭 스스로 결정하기를, 결정한 바를 이루기를 바란다. 빈칸을 먼저 채운 후 '음악가' 대신 그 자리에 원하는 직업, 원하는 역할을 넣는 것도 좋겠다.

아이를 낳고 두 해가 채 지나지 않았을 때 이 책을 쓰기 시작했다. 어린 딸아이를 두고 집을 나설 때마다 '들으러 간다'는 게 얼마나 사치스러운 일인지 생각했다. 누군가의 말을 들으러, 누군가의 연주를 들으러 간다는 건 분명 창조적이고 즐거운 일이지만, 시간과 마음이 넉넉하지 않은 상황에서는 비효율적이라 여겨질 수도 있다. 그럼에도 들으러 나가는 나를 못마땅해하지 않고 오히려 격려해준 가족들에게, 그저 존재만으로도 나의 모든 일과 삶에 꿈이 되는 이음에게 고마움을 전하고 싶다.

지
유
경

피아니스트

1988년생. 선화예술고등학교, 서울대학교에서 공부했고, 하노버 국립음대에서 석사 및 최고 연주자 과정을 마쳤다. 스위스 클라라 하스킬 콩쿠르에서 청중상, 젊은 평론가상, 어린이 청중상을, 프랑스 오를레앙 콩쿠르에서 윤이상 특별상을 수상했다. 독일의 레이블 게누인(GENUIN)에서 데뷔 앨범 「리플렉션(Reflections)」을 발매했다. 현재 연주자로 활동하며 예술 중·고등학교 및 여러 대학에서 학생들을 가르치고 있다.

연습실의 유령들과 함께
무대에 오르는 일

바흐 BWV 645,「깨어나라, 우리를 부르는 음성이
있으니(Wachet auf, ruft uns die Stimme)」, 어쩌다 이
한 곡에 매료되어 거의 한 계절 내내 들었다. 소니 레이블
에서 1999년에 발매한 머리 퍼라이아(Murray Perahia)의 앨
범. 3분 20초 정도의 이 짧은 트랙은 너무나 슬펐고, 또 무
척 따뜻했다.

　나의 4월은 좀 복잡하다. 어느 해 4월에는 아버지를
떠나보냈고, 어느 해 4월에는 결혼식을 올렸다. 또 어느
해 4월에는 믿을 수 없는 비극을 목격했고, 매년 4월의 어
느 날은 엄마의 생신을 축하한다.

　나의 그 모든 봄을 안아주는 것만 같은 이 곡을 듣고 또
듣다 오랜만에 연습을 좀 해보기로 마음먹었다. 내가 찾은
악보는 빌헬름 켐프(Wilhelm Kempff) 편곡 버전. 조금 더 경
쾌하고 맑은 느낌이다(보통은 부소니(Feruccio Busoni)가 편곡한
버전을 연주한다고, 나중에 피아니스트 지유경에게 들었다.)

집에서 가까운 지하 피아노 연습실은 한 시간에 4천 원을 받았다. 들어설 때마다 눅눅한 곰팡이 냄새 같은 게 나지만 또 몇 분 앉아 있다 보면 그런 대로 잊게 된다. 손가락으로 음표를 더듬더듬 반복해 읽다 보니 제법 익숙해져서 악상 기호 같은 것도 눈에 들어왔다. 작아졌다가, 점점 크게 치고…. 그보다 더 익숙해지니 지루하기도 했다. 계속 반복하다 보면 나의 연주에도 봄의 감각이 실릴까. 언제쯤?

피아니스트 지유경에게 부끄러움을 무릅쓰고 나의 연주를 들려주었다. 갑작스런 레슨 요청에 흔쾌히 응한 지유경은 나에게 하나의 곡, 낭만적인 음상이었던 이 곡을 잘게 잘게 쪼개기 시작했다. 꽃과 햇살과 바람으로 나뉘었다면 좋았겠지만… 주요하게 표현해야 하는 음과 부수적으로 딸리는 음의 구분, 슬러(slur. 이음줄)의 의미, 페달이 하는 일, 두 번째 손가락 혹은 세 번째 손가락으로 칠 때의 차이, 전체 음형의 굴곡, 프레이즈가 반복된다는 건… 등으로 해체되었다.

세 번째 손가락에는 힘을 주고 엄지손가락에는 힘을 빼라는데 도무지 어떻게 가능한 것인지 알 수가 없다. 이렇게 밑바닥부터 차곡차곡 지난한 과정을 쌓아 올려야만 아름다운 음악이 완성된다. 그래야 그 안에 다양한 의미도 실을 수 있다.

내 연주를 들려주기에 앞서 나는 지유경이 혼자 연습하는 모습을 한 시간쯤 넋 놓고 지켜봤다. 한국 여성 작곡가 박영희의 「내가 목마르다」를 청주에서 곧 연주할 거라고 했다. 누군가의 개인 연습을 이렇게 가까이에서 한참이나 바라본 적은 처음이다. 기자 시절 오케스트라의 리허설을 취재한 적은 있다. 지금 이 장면에 비하자면 그건 다 지어 올린 집을 마지막으로 점검하는 일에 가깝다.

지유경이 연습하는 공간의 구석에 앉은 나는 정말이지 생경한 기분이었다. 바닥도 깨끗하고 에어컨 바람도 쾌적한 이 작은 공간에 어떠한 상이 실제로 만들어지고 있었다. 손목에 채워진 시계와는 다른 속도의 어떤 시간이 이곳에 흐르고 있었다.

피아니스트는 온몸을 쓴다. 나는 그저 길게 뻗은 팔과 손, 굽은 등으로만 피아니스트의 일이 이루어지는 줄 알았다. 눈으로 악보를 읽는 동안 피아니스트의 머리에서 일어나는 일들을 상상한다. 세상만사를 헤치고 두 팔로 어떤 에너지를 만들어 뻗어낸다. 엉덩이로부터 힘을 받아 손끝으로 건반을 노래하게 한다.

무엇보다 중요한 건 귀로 자신이 그린 음들을 확인하

는 일이다. 반복하고 또 반복하다 무대에 오르는 일. 그 최
후의 순간에는 아마도 무아의 경지에 오를 것이다. 그 무아
의 순간, 연습실에서의 고독한 투쟁이 만들어낸 유령들이
피아니스트 주변을 떠돌아다니는 장면을 상상했다.

　무대 위 지유경의 연주를 객석에 앉아 들을 때마다 나
는 그가 뛰어난 번역가 같다고 생각했다. 좋은 번역가란 원
전에 충실한 동시에 고유한 문체를 지닌다. 구조적이고 계
획적인 전개, 그 내부를 채우는 눈부신 표현들이 그가 얼마
나 성실하게 이 작품과 작곡가를 탐구했을지 더듬어 알게
했다.

　예컨대 작품을 도구 삼아 자신의 연주 능력을 뽐내는
피아니스트도 있다. 그 나름 보는 재미와 짜릿함이 있다.
지유경은 그 반대편에 서 있는 느낌이다. 곡에 자신의 재능
을 헌신하는 느낌마저 든다. 그래서 그의 연주를 다 듣고,
무대를 등지고 걸어 나올 때면 지적인 욕구가 충만해진다.

'음악 하기'의 의미

　'선화예술고등학교 및 서울대학교 졸업. 하노버 국립
음대 석사 및 최고 연주자 과정 졸업.' 그의 이력은 엘리트

음악가 코스의 정석 같다. 그러나 똑같은 이력서라고 똑같
은 방식으로 쓰이진 않는다. 재능도 있고 자원도 있고 지원
도 있는 예술가 지망생이 클래식 음악계에는 많지만, 그렇
지 않은 경우가 없을 리 없다. 이 당연한 사실을 그와 대화
를 나누기 전에는 미처 생각지 못했다.

"공부를 못해도 되는 선택지가 제게는 없었어요."

천안에서 나고 자란 보통의 가정의 맏이였던 지유경은
자신에게 주어진 재능에 마냥 신나할 수가 없었다. 동네 피
아노 학원에서 두각을 보여 서울로 고속버스를 타고 레슨
을 받으러 다니기까지 그의 부모님은 내내 걱정이 많았고,
지유경은 피아노에 드는 교육비를 일반 입시 교육으로 돌
리자는 이야기가 나오지 않도록 교내 상위권의 성적을 유
지했다. 예술고등학교에서도, 음악대학에서도 그는 "공부
만 하는 이상한 애"였다. 공부만 하는 게 이상한 이유는 '피
아노는 안 치고'라는 말이 앞에 생략되어 있기 때문이었다.

"장학금을 받아야겠더라고요. 입학 첫 학기에 4.3학점 만
점에 4.25를 받았어요. 당시 피아노 실기는 2학점밖에 안 됐
어요. 다른 걸 포기하고 연습에만 몰입하기엔 너무 적었죠.
그렇게 열심히 해서 3학년은 반액으로 다니고, 4학년은 전액

장학금을 받았어요. 교직도 이수했고요. 주변 친구들이 비싼 마스터클래스 찾아다니고, 외국 캠프 가서 유명한 선생님들 만나고 오는 동안 과제하고 레슨하고 반주하면서 돈 모으는 게 제 대학 생활이었어요."

지유경의 성실함은 독일 하노버 음대라는 수준 높은 교육 환경에 그를 데려다주었다. 그러나 그곳에서 그는 모범생의 얼굴을 한 채로 새로운 종류의 질문을 맞닥뜨릴 수밖에 없었다.

"입학 전에 롤란트 크뤼거(Roland Krüger) 선생님을 처음 뵈었을 때 베토벤 「열정 소나타」 외 몇 곡을 쳤거든요. 그런데 '그래, 너는 귀도 좋고 음악을 분석하는 능력도 뛰어나다, 그런데 표현력이 너무 떨어진다'라는 평가를 받았어요.

선생님 표현에 따르면 베토벤은 달려가다가 눈앞에 벽이 있으면 벽에 머리를 들이받는 사람이라고, 그런데 그런 일을 상상해본 적도 없고, 그냥 벽 앞에 착하게 서 있는 것 말고는 할 줄 아는 게 없는 제가 「열정 소나타」를 치고 있으니 아무것도 느껴지지 않는다는 거죠. 나중에는 오기가 생기더라고요."

스승의 가르침을 받으며 지유경은 피아노 앞에서, 악보 앞에서 조금씩 조금씩 자유로워질 수 있었다. 예컨대 "뉴욕 쌍둥이 빌딩 사이를 건너가려고 시도한 기인에 대한 다큐멘터리 〈맨 온 와이어〉를 보라고, 주인공이 하는 일이랑 예술가인 우리가 하려는 일이랑 무슨 그렇게 큰 차이가 있겠느냐"는 조언을 들었다. 베토벤 피아노 소나타 30번 Op. 109 3악장 도입부에 등장하는 첫 코드 '미-시-솔#'을 어떻게 소리 내야 할지 고민하던 지유경에게 크뤼거는 한달 동안 그 세 음만 쳐보라고 제안하기도 했다.

"한 달은 못 했고 일주일 동안 해봤어요. 커다란 창문 밖으로 구름 지나가는 거 바라보고, 시간에 따라 달라지는 초록색 바라보고…. 하하. 쉽지는 않더라고요. 그런데 소리 자체에 대해 깊이 생각해볼 수 있는 기회가 됐어요. 몸에 힘도 좀 많이 풀고, 내가 뭘 어떻게 해야 할까만 늘 생각했던 것 같은데…, 생각을 걷어내고 본능적인 표현에 집중하게 됐다고 할까요."

어쩌면 지유경은 독일에 당도해서야 음악을 시작하게 되었다고 말할 수도 있겠다. 이러한 기준이라면 음악학교에 들어갔다고 혹은 연주해서 돈을 번다고 '음악을 한다'고 말할 수 없다. 재능도, 그 재능을 발휘할 기회도, 그 기회가 왔다는 깨달음도 한순간이 아닌 서서히, 무르익듯이 찾아오기도 한다.

"지금은 개성 강한 사람들이 주목받곤 하지만 예전에는 조용하고 공부 열심히 하는, 말 잘 듣는 모범생이 칭찬받았거든요. 나름대로 힘들고 어려운 일들을 겪었고, 변덕도 있는 성격인데 전부 눌러두고 살아온 것 같아요. 병원에 가보지는 않았지만 우울증 비슷한 것도 지나왔을 거예요. 우울감이랑 우울증이 다른 게 우울증이 오면 슬픈 게 아니라 무기력하고 피곤하기만 하거든요.

저희 선생님이 잘 보신 거죠. 제가 뭘 느끼고 있는지, 뭘 느끼고 싶은지, 귀 기울여본 적이 한 번도 없던 거예요. 감정, 감각을 찾기 위한 노력을 내내 많이 했어요. 좀 우습지만 술을 왕창 마셔보기도 하고, 말러 작품을 푹 빠져 들으며 그 안에 있는 극한의 감정을 발견해보기도 하고요. 그렇게 음악적 자아를 찾아나간 것 같아요."

무한을 쥐고, 영원을 보라

하노버에서 지유경이 처음 지낸 집은 값이 싼 사설 기숙사였다. 작은 방에서 공동 부엌과 공동 화장실을 이용하며 살았다. 개발사가 어느 한 구역을 개발하다가 중단해 넓다란 부지에 아주 작은 기숙사 건물만 덜렁 세워져 있던, 황량하고 열악한 곳이었다.

"선생님이랑 우연히 같이 버스를 타고 그곳을 지날 일이 있었는데 저 건물 좀 봐, 너무 끔찍하지 않니, 그러시더라고요. 저 저기 살아요, 했더니 크게 당황하며 미안해하시더라고요. 하하."

덕분에 그는 "밥 먹고 피아노만 치는" 시기를 보낼 수 있었다. 아침에 일어나면 학교 연습실 가서 연습하고, 도서관 가서 듣고 싶은 음악 골라 듣고, 밤 열두 시가 가까워져서야 집에 들어가 쓰러지듯 잠을 자는 나날을 보냈다.

콩쿠르도 도전하기 시작했다. 한국뿐 아니라 외국도 청소년기부터 콩쿠르에 도전하는 일이 많다. 보통 서른 살 정도로 연령 제한을 넉넉히 두곤 하지만, 열 몇 살에 국제 대회를 경험하기 시작해 전략을 쌓아온 이와 스물네 살에 처음 콩쿠르에 도전해 적응기를 갖는 이가 공정한 조건에서 경쟁한다고 말하기는 어렵다. 물론 실력이 가장 중요하겠지만.

"세계 곳곳에 크고 작은 콩쿠르가 많이 있는데, 아무래도 숙식과 경비가 지원되는 콩쿠르 위주로 나갈 수밖에 없었어요. 당연히 제가 더 잘했다면 더 다양한 콩쿠르 이력을 쌓을 수 있었을 거예요.

콩쿠르는 실력 외에 전략과 운도 필요하고, 무엇보다 경쟁을 즐기는 성격이 필요해요. 전 그러지 못한 것 같고요. 떨어진 참가자들이 심사위원에게 코멘트를 들을 기회가 종종 있는데, 어떤 심사위원이 심사지에 제 나이만 숫자로 딱 써두고 다른 말은 아무것도 안 적었더라고요. 눈에 띄는 수상 이력 없이 나이가 들어버린 제 연주에 아무런 기대가 없던 거겠죠. 그분이 이 도시에 또 올 일도 없을 텐데 그냥 재밌게 놀다 가고 다음 번 콩쿠르에서 잘해봐라, 그렇게 얘기하더라고요. 그래서 제가 이렇게 나이만 써놓고 딱히 해줄 얘기도 없다면서 나한테 무슨 다음이 있겠냐고, 그때 처음이자 마지막으로 쏘아붙였어요."

하노버에서 스승인 크뤼거의 어시스턴트로 학생들을 가르치기 시작한 지유경은 이제 한국에서 연주 활동을 하며 여러 음악학교에서 학생들을 만나고 있다. 초기에는 "나에게는 음악이 목숨만큼 소중한데 음악을 공부하는 모든 이가 그렇지는 않다"는 사실에 괴로웠다고 한다. 경력이 쌓이며 조금은 너그럽게 생각하게 됐고, 이제는 학생 개개인에게 잘 맞는, 서로 다른 교육법을 고민하는 직업 교육자가 되었다.

나는 지유경의 차분한 설명을 듣다가 불쑥 끼어들 수밖에 없었다. "목숨만큼이요? 뭐, 왜… 뭐가 그렇게 소중한가요?" 목숨만큼 소중하다니, 나는 딸을 낳기 전까지 목숨만큼 소중한 것을 가져본 일이 없는 것 같다.

"그러게요. 음… 저는 음악이 정말 좋아요. 정말로, 음악으로 세상을 바꿀 수 있다고 믿어요. 제가 좋아하는 시구가 있는데, 윌리엄 블레이크(William Blake)의 〈순수의 전조 (Auguries of Innocence)〉 중 '손바닥 안에 무한을 쥐고, 찰나에서 영원을 보라(Hold Infinity in the palm of your hand / And Eternity in an hour)'라는 문장이에요.

제가 하고 싶은 일이 바로 이 일인 것 같아요. 시간이라는 게 무의미하게 흘러가버리는 것이기도 하지만 어떻게 보내느냐, 어떻게 받아들이느냐에 따라 무한한 무언가를 담을 수도 있고, 영원할 수도 있잖아요. 듣는 이에게 어떤 시공간을 선물하고 싶은 거죠."

'좀 서운하지 않나요'라는 말이 나도 모르게 불쑥 튀어나왔다. 지유경의 선비 같은 고고함을 확인이라도 하듯. 연주자로서, 선생으로서의 시간이 만들어낸 연습실의 유령들이 세상의 빛을 좀 더 봐야 하는 게 아닌가, 그렇다면 좋겠다는 생각을 스스로 하지 않을 리 없다. 세상이 성정을 가진 인간은 아니지만, 최선을 다하는 이들은 그 빛이라는 게 나에게만 야박한 것 같다는 생각을 때때로 한다.

"가진 실력에 비해 연주 기회가 너무 적은 것 같아요. 리사이틀 무대도 더 많아야 하고, 협연 제안도 받으셔야 한다고 저는 생각하는데요."

내가 던진 정제되지 않은, 질문의 형식도 아닌 이 이상한 물음에 지유경은 그래도 맞장구를 쳐주었다.

"어릴 때는 서운하기도 했어요. 콩쿠르 열심히 준비했는데 상 못 탔을 때도, 혹은 수상은 했는데 부상으로 주어지는

연주 기회를 이런저런 이유로 받지 못했을 때도…. 그런데
서운해하고만 있으면 뭐 해요. 그냥 관객을 만날 기회가 생
겼을 때 최선을 다하고, 다음 무대가 생길 거라 믿으며 지낼
뿐이에요."

그의 말대로, 서운한 마음을 그저 스스로 달래는 것 말
고는 할 수 있는 게 뭐가 있을까. 서운해만 하며 시간을 죽
이는 이는 볼 수 없는, 열정과 성실함으로 연습실이 터질
만큼 무수한 유령들을 불러내는 이가 맞이할 어느 끝을 기
대하며 가는 수밖에.

브람스 교향곡 1번 2악장. 이 곡을 이 글의 마지막에 둔
다. 독일에 도착한 지 얼마 되지 않은 어느 해의 5-6월경,
튤립이 예쁘게 핀 길가를 걸어 연습하러 갈 때마다 지유경
이 듣던 곡이라고 했다. "간절한 느낌으로 시작"해 농밀한
아름다움이 차분하게, 균형 있게 전개된다. 이 곡의 마지막
악장은 따뜻한 햇살 같은 풍경을 묘사하며 승리와 환희의
순간으로 간다.

FINE

"시간이라는 게 무의미하게
흘러가버리는 것이기도 하지만
무한한 무언가를 담을 수도 있고,
영원할 수도 있잖아요."

© Gstaad Menuhin Festival 2019 Theresa Pewal

윤
한
결

지휘자, 작곡가
1994년생. 예원학교에서 공부했고, 이후 뮌헨 음대에서 작곡,
피아노, 지휘를 공부했다. 2015년과 2017년 제네바 작곡
콩쿠르에서 입상. 2019년 스위스 그슈타트 메뉴인 페스티벌
네메 예르비상, 2021년 국립심포니오케스트라 지휘 콩쿠르 2위
및 관객상, 2023년 잘츠부르크 페스티벌 헤르베르트 폰 카라얀
젊은 지휘자상을 수상했다. 페테르 외트뵈시 재단 작곡가,
스위스 제네바 대극장 부지휘자, 독일 뉘른베르크 국립극장
부지휘자, 메클렌부르크 주립극장 수석지휘자를 역임했다.

오롯이 나일 수 있을까,
어떤 모습이라도

그러니까 예를 들면 이런 것이다. 론도(rondo) 형식의 곡을
쓰자 해서 쓸 수 있고, 내 마음대로 곡을 썼는데 다 쓰고 보
니 론도 형식일 수도 있다. 론도 형식이란 A라는 주제부와
삽입부 B가 있고, 다시 A로 돌아오는 순환 구조를 말한다.

　　자, A는 어떻게 쓸까, 맑고 경쾌한 분위기로 써보자, 몇
분의 몇 박자가 좋을까, 아, 이쯤에는 클라이맥스가 나와야
한다, 이제 B 부분을 쓸 차례다, B는 어떻게 쓸까? A와 대
비되는 분위기로 쓰자, 자, 다시 A⋯. 이렇게 쓰는 작곡 방
식이 있다.

　　반대로 머릿속에서 흘러나오는 음상을 받아 적듯이,
온몸으로, 본능적으로 움직이며 쓸 수도 있다. 론도 형식이
어도, 론도 형식이 아니어도 상관이 없다. 즉흥적이고 막연
하지만, 한계 없이 창조적이다.

　　내가 생각하기에 첫 번째 방식은 작곡법을 배우기만
한다면 누구나 할 수 있다. 물론 잘 쓰려면 재능이 필요하

다. 두 번째 방식은 타고남의 영역이다. 나의 의도나 계획에 따라 음악을 만드는 게 아니라 그냥 음악이 내 안에서 흘러 꺼내놓을 수밖에 없는 그런 것. '도-미-솔'이라면 그게 삼화음이라고, 협화음이라고 설명할 수 있고 편안한 느낌이다, 안정적인 소리다, 표현할 수 있지만, 그건 그 후에 덧붙이는 해석일 뿐 머릿속 '도-미-솔'은 아무런 의도나 기획 없이 떠올려진다.

두 번째 방식의 작곡법이 더 뛰어나다는 이야기를 하려는 건 아니다. 계획적으로, 전략적으로 위대할 수도 있다. 예컨대 장면의 뉘앙스에 딱 맞게 설계된 훌륭한 영화음악 작품들을 우리는 이미 다양하게 알고 있다.

"원래 그냥 즉흥적으로 작곡하는 걸 좋아했어요. 뭐라 설명하기 어려운 이유로, 그냥 내가 좋으니까 이렇게 쓰는 그런 학생이었는데, 아이디어를 설명하는 훈련을 뭔헨 음대 학사 과정 내내 받은 것 같아요. 4분의 3박자로 쓴 이유가 무엇인가, 여기에 이러한 화음을 이러한 선율로 표현한 이유가 무엇인가.

매주 수업 때마다 이런 질문에 답하려니 어느 날에는 혼나지 않으려 대충 막 지어낸 적도 있어요. 아, 12음계 음정마다의 의미를 표로 정리해 가져간 적도 있어요. 단 2도는 불안감, 완전 5도는 안정적인 느낌, 이런 식으로요. 일종의 철학자가 되어야 했죠.

지금은 뭐 학생도 아니고 제 마음대로 쓰기는 합니다만, 작곡이라는 건 음악성뿐 아니라 다양한 지식과 철학이 필요한 행위라는 걸 그때 확실히 배운 것 같아요."

윤한결이 독일에 살고 있어 화상으로만 만날 수 있었는데, 모니터 너머의 그는 독특한 사람 같았다. 말투는 소년 같기도 하고, 노인 같기도 했다. "최근에 '카라얀 젊은 지휘자상' 받고 한동안 인터뷰 꽤 많이 하셨을 텐데 즐겁던가요, 좀 힘들던가요" 하고 물으니 "아무 생각이 없습니다, 허허"라는 대답이 돌아왔다. 축구선수 리오넬 메시의 골수팬으로서 축구 애기를 할 때는 아이처럼 신나했다. 이제 막 두각을 나타내기 시작한 서른 살의 젊은 음악가에게 어울리지 않게 "딱히 어떤 음악가가 되고 싶다, 뭘 이루고 싶다, 그런 건 없어요"라는 말도 했다.

그는 딱히 '그래서'를 생각하지 않는 사람 같았다.

"뮌헨에서 공부하면서 미래에 대한 걱정, 그러니까 작곡가로 사는 일에 대해 의심한 적은 없나요?"

"있었죠. 나이는 먹어가는데, 작곡 콩쿠르 나가서 수상한다고 해도 몇 달에 한 번 겨우, 확률이 높은 것도 아니고요. 이를테면 최저시급도 안 되는 일을 언제까지 지속할 수 있을까 걱정했어요."

이어지는 말을 기다리는 나와 할 말을 다 마친 그 사이에 잠깐의 침묵이 흘렀다. 그냥 그랬다고, 그렇다고 다른 일을 찾을 생각 같은 걸 한 건 아니고, 그냥 그랬다고 했다.

작곡과 피아노, 지휘를 모두 주전공으로 공부했는데 피아노는 "피아니스트의 꿈이 딱히 있었던 건 아니고 그냥 더 잘 치고 싶어서 배우다 만 것"이며 "지휘는 수업이 재미있어서 열심히 하다 보니…"라고 대수롭지 않게 대답했다.

그는 대구 사투리가 은은하게 남은 어투로 외국인처럼 말했다. 일과 삶에 전투태세인 젊은이들이 요즘의 한국에는 많으니. 예민하게 구는 법은 없지만 섬세했고, 투박하게 친절했다. 겨우 두 시간 남짓 화면으로 본바 그랬다.

작곡가로 활동을 시작한 윤한결은 2017년을 기점으로 지휘자로서 행보에 더 몰입하고 있다. 그가 기술력만 갖춘다면, 예를 들어 악기 연주력이나 기계를 다루는 기술 같은 걸 갖춘다면 미래에는 다른 방식으로 음악을 하고 있을지

도 모른다. 즐겁게 하거나, 비장하게 하거나 어쨌든 음악을
하고 있을 것이다. 그를 통해 알게 되었다. 재능이 주어진
삶에 대해. 그리고 그 재능대로 사는 삶을. 그는 타고난 음
악가다.

음악의 '이유'

윤한결이 2017년 제네바 콩쿠르 결선에서 발
표한 클라리넷 협주곡「프랭크(prank. 장난)」는 재
미있는 곡이다. 선형적인 구조를 이루지 않고 분절되듯 흥
미로운 소리 덩어리들을 만들어내며 전개되는데, 오케스트
라의 전체적인 조화가 뛰어나며 중간중간 독창적인 표현이
돋보인다. 맨 마지막에는 클라리넷 솔로가 심각하지 않은
방식으로 강렬한 여운을 남긴다.

"당시에 한창 인터넷으로 웃긴 동영상 찾아 보고 그러던
때인데, 장난 전화 밈 같은 게 있었어요. 오케스트라 첫 도입
부는 전화 거는 소리예요. 바로 다음 클라리넷이 뚜- 하죠.
전화가 끊긴 거예요. 계속 그렇게 다시 걸고 끊고 반복하다
가, 나중에는 클라리넷이 의인화가 되어서 장난 전화를 받는

사람을 화나게 하고, 다시 전화가 연결될 때마다 상대방은 또 화내고, 결국 서로 싸우고 그런 식의 내용이에요. 대회 곡으로 이런 걸 써낸 게 웃기죠. 제네바 콩쿠르를 진지하지 않게 생각한 건 아니에요, 정말로요."

이 시기부터 곡의 소재와 내용을 가볍게 가져가기 시작했다고 한다. 이듬해 이탈리아에서는 「술 게임」이라는 제목으로 포커판에서의 베팅 상황을 묘사했다. 2021년 통영과 프랑크푸르트에서는 힙합 문화로부터 아이디어를 얻어 「그랑히팝(Grande Hipab)」을 발표했다.

"일종의 자기방어였던 것도 같아요. 곡을 쓰는 과정이라는 게 사실 정말 끔찍하거든요. 3일 밤을 새워서 그럴듯한 무언가를 써냈다고 해도 다음 날 아침에 다시 보면 엉망인 날이 많으니까요.

이렇게 우스운 요소를 담으면, 스트레스 받으면서 막 곡 쓰다가도 방 한쪽 벽면 바라보면서 '어이가 없네' 하며 웃을 수 있으니까요."

앞으로도 그런 곡을 쓰고 싶다고 했다. "최대한 수준

높은 소리, 음악을 만들어내기 위해 노력하지만 누군가 구
체적으로 묻는다면 엉뚱한 이야기를 하고 싶다"고. 윤한결
은 "표제음악(program music)은 이유가 먼저 존재하고 거기
에 음악을 덧붙이는 것이고, 절대음악은 음악이 있고 거기
에 이유를 덧붙인다는 차이"가 있다고 설명하며, 자신은 절
대음악 스타일로 작곡하는 것이라 말했다.

사전적 의미를 몰랐던 건 아니지만 작곡가의 삶을 통
해 들으니 명확해진다. 윤한결은 '장난 전화'나 '힙합 문화'
를 제대로 혹은 독창적으로 묘사하겠다는 의지와 이유로
곡을 쓰지 않는다. 내면에 흐르는 강렬한 음악적 파도를 몇
몇 소재를 깔때기 삼아 쏟아내는 방식으로, 그렇게 음악을
한다.

윤한결의 음악 인생이 처음 시작된 건 대구의 한 작은
피아노 학원이었다. 당시 피아노 선생님이 시키는 연습은
안 하고 혼자 엉뚱한 곡을 만들어 쳤다고 한다. 얼마나 산
만했던지 모차르트 소나타 한 곡을 초등학교 내내 쳤다. 종
이에 처음으로 음표를 그려 넣고는 '빛'이라고 써두었다.
장조 테마의 곡과 단조 테마의 곡이 있었고, 예원학교 신입
생 때 단조 테마의 곡을 편곡해 제출했다.

외아들이지만 집성촌 같은 곳에서 대가족과 함께 자란

그는 중학생 때 처음 홀로 서울에서 기숙사 생활을 시작하고, 고등학교 1학년을 채 마치지 않고 베를린으로 건너가 뮌헨 음대에 자리를 잡을 때까지 별다른 부침을 겪지 않았다고 한다. 자신이 선택한 길을 한 번도 의심하지 않는 사람은 처음 본다. 두 번의 제네바 작곡 콩쿠르를 치른 후 그는 "본격적으로 지휘 활동에 몰입해보자" 결심한다.

"똑같은 국제 대회에서 두 번 연속 결선을 치르고 나니 작곡가로서 이제 뭘 할 수 있을까 싶더라고요. 곡 쓰고, 출품하고, 기다리는 일도 지겹고요. 그때 제가 스물둘, 스물셋이었네요. 이미 지휘 경험을 쌓고 있었고, 결정에는 어려움이 없었어요. 오히려 하면서 제 기질에 더 잘 맞는다는 걸 느끼고 있어요.

완전히 외향적인 사람은 아니지만 다른 누군가와 함께 일하는 게 더 즐거워요. 축구 게임 같은 것도 꼭 단체로 하는 게 더 좋았거든요. 비슷한 목표를 향해 동시에 뭔가를 하는 행위에 만족감이 높은 것 같아요."

오케스트라라는 스포츠

윤한결은 축구선수 리오넬 메시의 광팬이다. 연재하던 매체 아르떼 매거진에 메시와 자신의 평행이론(?)에 관해 쓰기도 했다. 글의 제목은 '나는 지휘할 때 리오넬 메시의 리더십을 떠올린다'. 대학생 시절 어느 작은 지휘 콩쿠르에 나가 마이크를 들고 자기소개를 할 일이 있었는데 연령대가 높은 관객들 앞에서 "저는 메시 같은 지휘자가 되고 싶습니다!"라고 했다가 분위기가 싸해진 일화를 껄껄 웃으며 들려주었다.

그리고 그 마음은 여전하다고 했다. "지휘자는 오케스트라의 주장일까요? 감독일까요? 아니면 또 다른 포지션일까요?"라는 나의 질문에는 진지하게 고민한 뒤에 "주장이거나 미드필더"라고 답했다. 그는 오케스트라와 같이 뛰고 싶다.

"착한 경쟁이라고 할까요? 아무도 피해받지 않지만 그래도 승자는 있는, 그런 일을 좋아하는 것 같아요. 오케스트라 예술은 스포츠랑 비슷한 면이 많아요. 처음부터 끝까지 라이브라는 점도 그렇고요. 저는 막 튀고 뽐내고 하는 게 좀 싫어요. 뛰어난 능력을 갖춘 채 꼭 필요한 순간에 그 능력을 정확히 탁 발휘할 수 있다면 좋겠어요. 메시가 팀에서 그런 역할을 하거든요. 그 이타적인 성향을 존경하는 것이기도 하고요. 저 또한 그러기 위해 제대로 실력을 갖추려고 해요."

2014년부터 지휘를 본격적으로 배우기 시작한 그는 뮌헨 음대에서 지휘를 가르친 스승들이 현역으로 활발히 활동한 덕에 연습이나 리허설 지휘를 자주 경험할 수 있었다. 이후 뉘른베르크 국립극장, 메클렌부르크 주립극장에서 일하며 오페라가 문제없이 잘 연주될 수 있게 반주하는 실용적인 극장 지휘를 경험했고, 풍부하고 폭넓은 음악적 표현에 좀 더 집중할 수 있는 교향악단 지휘를 꿈꿨다.

2019년 스위스의 그슈타트 메뉴인 페스티벌에서 주최하는 콩쿠르에서 1위를 수상, 한국인 최초로 '네메 에르비 상'을 받은 것이 그가 지휘자로서 자신감을 붙여나가기 시작한 계기가 됐다. 2021년에는 한국 국립심포니오케스트라 주최 콩쿠르에서 2위를 했다.

젊은 음악가들이 콩쿠르에 계속 도전하는 이유는 커리어를 위함이기도 하지만 무엇보다 연주 경험을 쌓을 기회를 얻을 수 있어서다. 젊은 혹은 무명의 작곡가는 자신의 곡이 무대에서 실연되는 걸 보기가 어렵다. 영상이나 거울을 보고 수백 번 연습한 지휘자는 단 한 번이라도 실제 오케스트라를 무대 위에서 연주해본 경험자를 따라갈 수 없다.

그슈타트 메뉴인 페스티벌처럼 규모가 큰 대회에는 지원자 수백 명이 모인다. 윤한결이 참가한 해에는 약 3백 명이 지원했고, 예선을 거쳐 결선 진출자 열한 명을 뽑았다. 이들은 3주간 마스터클래스를 받았으며 그슈타트 메뉴인 페스티벌 오케스트라와 두 번의 결선 콘서트 이후 마지막 무대를 통해 수상자가 호명됐다.

2023년 오스트리아 잘츠부르크 페스티벌 콩쿠르도 비슷했다. 54개국 323명이 출전, 윤한결이 최종 1인에 올라 한국인 최초의 '카라얀 젊은 지휘자상' 수상 이력을 만들었다. 대회 기간 내내 노련한 단원들로 구성된 유수의 오케스트라 앞에 서서 그들이 설득될 만한 그리고 객석의 청중이 공감할 만한 음악을 잘 선보이기 위한 감각 훈련이 이루어졌을 것이다. 떨렸나요 하고 물으려다 질문이 좀 초라한 것 같아 그만두었다. 경험이 만든 풍부한 재료들로 윤한결은 더 큰 무대를 계속 채워나갈 것이다.

오롯이 나일 수 있을까, 어떤 모습이라도

그의 프로필 이미지는 신랑 신부 사진이었다. 1년 6개월 전에 식을 올렸다고 했다. 무려 지휘자와. 지휘자 부부라니. 한 집에 지휘자가 두 명이라니. 불가능한 일은 아니지만. 직접 만나 대화했다면 구체적으로 물었을 텐데 와, 결혼 생활은 어때요, 싸우지는 않나요, 선의의 경쟁도 하시나요, 같은 다듬어지지 않은 물음을 마이크를 향해 마구 던지기는 어려웠다. 사실 그의 아내와 대화를 나누고도 싶다. 지휘자와 함께 사는, 유럽에서 활동하는 젊은 여성 한국인 지휘자라니…. 궁금한 삶이다.

"베를린에서 만났어요. 저는 극장 소속으로 일하기 위해 뮌헨에서 베를린으로 이주했고, 그 친구는 베를린에서 지휘 학사 과정을 밟고 있었어요. 곧 제가 공부한 뮌헨으로 아내가 학업을 위해 옮기게 됐고, 저도 따라 다시 돌아왔어요.

이성적인 성향, 감성적인 면 누구나 다 가지고 있겠지만 저는 머리를 더 많이 쓰는 것 같고요. 아내는 감수성도 풍부하고 저보다 더 감각적으로 음악에 접근한다고 할까요. 서로 다른 점을 가지고 있어요. 아내는 최근에 프랑스 파리에서 좋은 기회를 얻어서 종종 무대 하러 가요. 그럼 제가 따라가기도 하고, 제가 연주 여행 가게 되면 아내가 따라오기도 하고요."

맨날 축구 하고 축구 경기만 봤는데 아내 덕분에 넷플릭스를 구독해 보고 있다고도 했다. 이제 막 가족을 이루었으니 그의 음악에는 더 다양하게 재미있는 것들이, 깊은 무언가가 담길 것이다.

그가 카라얀 젊은 지휘자상을 수상할 당시 받은 '흉내 내지 않는 지휘, 마음속에서 음악이 흘러나온다'라는 심사평은 그의 방향성을 꽤 정확히 보여준다. 다니엘 하딩, 사이먼 래틀, 크리스티안 틸레만 등 뛰어난 거장들을 곁에서 보조했고 그들로부터 많은 것을 배웠지만, 윤한결은 오롯이 자기 자신이길 꿈꾼다. 성별이나 나이, 출신지를 뛰어넘는 건 물론 필요하다면 자기답지 않은 행동을 할 수도 있다. 그것이 자기다움이라 믿는다.

"최근 루마니아의 에네스쿠 페스티벌에 지휘하러 갔는데 루마니아분들이 다들 호탕하시더라고요. 오케스트라 단원 중 큰소리로 막 얘기하는 사람도 있고, 살펴보니 그게 좀

불만인 사람도 있어요. 제가 살면서 처음으로 소리를 질렀어
요. 그것도 비속어를 쓰면서요. 한국말로 하면 '닥쳐!' 정도
인 말을 내뱉은 거죠. 만난 지 10분 만에요. 그날 연주 엄청
좋았어요. 다들 아, 오케이 하면서 집중을 딱 하니 리허설도
진행이 잘 되고요. 상황에 따라, 분위기에 따라 훌륭한 결과
물을 낼 수 있도록 방향을 잘 제시하는 게 좋은 리더십인 것
같아요. 지금까지의 경험으로는 그래요. 저는 어떤 수식어로
불리고 싶지는 않고, 그냥 계속 찾고 싶은 사람, 만나고 싶은
지휘자가 되고 싶어요."

윤한결은 총보를 그리 오래 보지는 않는다. 그러니 악
보에 메모도 별로 없다. 다른 지휘자의 연주 영상이나 녹음
물을 자주 듣지도 않는다. 감상을 위해서는 종종 듣지만 공
부를 목적으로 듣지는 않는다고 한다. 거울은 꼭 필요한 전
달 포인트를 확인하기 위해 최소한으로 활용한다. 지휘 무
대를 준비하며 가장 오랜 시간을 들이는 일은 이미지 트레
이닝. 머릿속으로 계속 음악을 흘려보내며 지휘한다. 누가
보면 아무것도 안 하는 것처럼 보일 것이다. 최근에는 잘
촬영, 편집된 연주 영상을 갖게 돼 '지휘의 결과물'을 확인
할 수 있어 좋다고 한다.

"결국 어떤 음악이 됐는지 그게 중요하니까요."

지휘의 결과물. 그 결과물에 오롯이 자기 자신만 담겠
다고 하니 그 변화에 더욱 기대가 실린다. 그 확신은 자기
자신에 대한 것일까, 자기 재능에 대한 것일까. 어느 쪽이
든 자기 의지에 의한 것임이 부럽다.

FINE

"뛰어난 능력을 갖춘 채
꼭 필요한 순간에 그 능력을
정확히 탁 발휘할 수 있다면 좋겠어요.
메시가 팀에서 그런 역할을 하거든요."

이
한
나

비올리스트
1985년생. 예원학교와 한국예술종합학교를 졸업했고, 커티스
음악원, 뉴잉글랜드 음악원, 크론베르크 아카데미에서
수학했다. 솔리스트로 활동하며 칼라치 콰르텟 단원으로도
무대에 선다. 줄리아드 음악원 텐진 캠퍼스 교수로 재직
중이다.

즐거움이라는 동력

"다 컸네, 다 컸어." 운전하면서 중얼거렸다. 두 살 된 딸아
이가 아닌 나 자신에게 하는 말이었다. 서울 성동구의 어느
레슨실로 향하고 있다. 혼나러 가는 게 아니다. 대화하러
가는 거다, 어른이랑. 그것도 운전해서.

　　운전석의 내가 심적 자유를 만끽한 건 과거 학생 시절
의 내가 그렇지 못한 마음이었기 때문이다. 작곡 레슨을 받
으러 갈 때마다 늘 오늘은 얼마나 꾸중을 들으려나, 오늘은
또 언제 끝나려나, 죄인이 된 기분이었다.

　　지독한 길치인 나는 선생님이 바뀔 때마다, 그러니까
새로운 레슨실로 향할 때마다 길을 헤맸다. 아니, 바뀌고도
한참이나 바로 지난주에 갔던 곳을 또 헤매고, 또 헤맸다.
나의 부모님은 딸이 혹시 일부러 길을 헤매며 시간을 허비
하는 게 아닐까 오해했다. 아… 어쩌면 오해가 아니었을까.

　　미니멀리즘 작법으로 유명한 작곡가 필립 글래스(Philip
Glass)는 세계적인 음악가들을 길러낸 프랑스 음악가 나디

아 불랑제(Nadia Boulanger) 문하에 2년간 있었는데, 얼마나 호되게 가르침을 받았는지 자신의 자서전에 상세히 기록해 두었다. 수요일 오후마다 불랑제의 스튜디오에서 세계 각국에서 모인 70명가량의 학생들이 자기 이름이 불릴까 봐 떨고 있었다고 한다. 서로 다른 시기이긴 하지만 그중에는 애런 코플런드, 아스토르 피아졸라, 레너드 번스타인, 예후디 메뉴인도 있었다.

공식적인 수요일 수업에서 차출된 예닐곱 명이 '검은 목요일 클래스'를 추가로 듣고 다 같이 진저리를 쳤다던 일화를 읽으며, 어디 아픈 거면 의사를 알아봐주겠다, 아픈 게 아니라면 화성학 숙제를 왜 이따위로 했는가 질책 당한 일을 읽으며, 필립 글래스의 전기 중 유일하게 공감했다.

필립 글래스가 보낸 시간과 내 과거의 차이는 의심하느냐 의심하지 않느냐, 그리고 그럼에도 기쁨이 있는가 하는 것이다. 글래스는 나처럼 레슨 시간을 괴로워하긴 했어도 불랑제의 가르침을 의심하지 않았다. 늘 시간이 부족할 만큼 빡빡하게 대위법, 화성법, 악곡 분석 숙제를 해내고도 비난을 들어야 했지만 그는 의심하지 않고 지속했다. 음악에 대한 열정, 스승에 대한 존경이 있었기 때문일 것이다. 불랑제와의 모든 시간이 배움의 기쁨이었음을 깨달은 건 글래스의 능력이다.

주의력과 집중력이 몰라보게 높아졌고, '마음속의 귀'로 선명하게 음악을 듣기 시작했다. 그전까지는 가지고 있지도 않았고, 가능하리라고 생각조차 못한 능력이었다. 이로써 또렷한 청각적 이미지를 머릿속에 그려낼 수 있게 되었다. 소리의 그림을 그릴 수 있었고, 그것이 무엇인지 알 것 같았으며, 또한─이것은 사실 좀 더 까다로운 문제였는데─그 전까지는 듣지 못한 것을 들을 수 있게 되었고 그것을 받아쓰는 방법을 깨치게 되었다.•

무엇을 이루기 위해 나아가는 길이 진정 스스로 원하는 길이라면 때때로 고통이 있더라도 어떻게든 딛고 나아갈 수 있다. 작은 고통이라면 꾀를 부려 이겨낼 것이고, 아주 큰 일이라면 다른 이의 도움을 받는 등 해결 방법을 찾을 것이다. 그만두어야겠다는 판단이 든다면, 그것은 자신의 길이 아닌 거라고, 그렇게 생각한다. 신속한 도망과 미

• 필립 글래스, 『음악 없는 말』, 이석호 옮김, 프란츠, 2017, 224쪽.

련 없는 포기는 또 다른 더 분명한 길을 만나게 해준다. 나의 경우에는 그랬다.

비올리스트 이한나의 시간은 필립 글래스의 시간과 닮아 있었다. 경북 구미에서 서울로 처음 올라와 두려웠던 순간에도, 레슨실에서 눈물 쏙 빠지게 혼이 났을 때도, 유학 생활을 마쳐야만 했던 시기에도, 그 외 한국과 세계 곳곳의 무대 위와 아래에서 때때로 괴로웠지만 이한나는 꾀를 내거나 주변의 도움을 받아 혹은 내면에서 끌어올린 기운들로 기꺼이 이겨냈다. 행복함으로.

나는 이 책을 쓰기 시작할 때 이한나를 가장 먼저 떠올렸다. 이유는 나조차 정확히 알 수 없었는데, 이한나가 속한 칼라치 콰르텟의 창단 10주년 기념 연주회를 감상하며 깨달았다.

이한나의 연주는 무척이나 자연스럽다. 전략적이지가 않다. 엄청나게 멋있는 이야기가 그의 비올라에서 마구 흘러나온다. 그가 들려주는 소리는 품위 있고, 다정하고, 섬세하다. 장유진, 심준호 같은 개성 있는 연주자들과 합이 조화로운 건 이한나의 역할이 크기 때문이라고 생각한다. 물론 바이올린과 첼로 사이 중간 음역대를 연주하는 비올라라는 악기가 지닌 특징이긴 하지만, 이한나의 음악은 그저 채우고 연결하는 일에 그치지 않는다. 그의 카리스마는 때때로 투사 같기도 하다. 요란하지 않은 방식으로, 크고 작은 요소들을 아우르며 간다.

무언가를 이루기 위해 대부분 전략가의 태도를 지녀온 나는 이한나의 연주에 깃든 자연스러움에 대해 묻고 싶었다. 그것이 무엇으로 가능한지 알고 싶었다. 한편으로는 나와 비슷한 또래로, 같은 시기에 어린 시절을 보내고 또 엄마가 된 그와 이야기를 나누고 싶었다. 부러움과 친밀감이었다. 레슨실의 문을 열 때의 마음이란.

비올리스트보다는 음악가의 마음으로

음악을 한다는 건 어떤 신념을 갖는 일과 같다. 어떤 우연 같은 계기로 악기를 시작하면, 그것을 지속하려고 몸을 쓰고 마음을 쓴다. 운명 혹은 종교와도 비슷한 개념이다.

이한나가 비올라를 처음 본 건 초등학교 4학년 때다. 비올리스트 오순화가 연주하는 모습을 보고 반했다고 한다. 바이올린만 알던 어린이가 마주한 새로운 세상. 그 어린이는 피아노 학원과 무용 학원, 소년소녀합창단에서 소리와 움직임과 호흡 같은 것들을 체득했고, 비올라를 마주

함으로써 그것을 통해 말하기로 결심한다.

"항상 음악을 한다고 생각해요. 비올라 한다고 생각 안
하고요. 나와 내 동료들 전부 음악 하는 사람들인데, 그중 어
떤 악기로 스스로 생각하는 아름다움을 표현하는가, 그 차이
라고 봐요. 저는 비올라를 통해 제 생각을 내보내는 일을 하
고 있는 거고요. 아주 어렸을 때 비올라보다 지휘를 좋아했
던 시기도 있고, 뮤지컬을 해보면 어떠려나 생각한 적도 있
지만 음악을 벗어난 다른 길을 꿈꾼 적은 없어요. 제 인생에
큰 행운이죠. 음악을 하게 된 것. 비올라를 만나게 된 것."

음악가를 꿈꾸는 사람도, 음악가가 된 사람도 가장 많
은 시간을 보내는 건 '연습'이다. 유명한 연주자가 되어도
무대 위에서 보내는 시간은 몇 달에 한 번, 한두 시간 남짓.
대부분은 연습실에 홀로 앉아 자신의 형편 없는 소리를 들
으며 지루하게 보낸다. 이한나도 초침이 느리게 흐르는 것
을 하염없이 바라봤던 순간이 있다.

"예원학교 시절, 집 앞에서 만화책을 빌려 엄마 몰래 가
지고 들어가곤 했어요. 보면대 위에 악보를 놓고 그 위에 만

화책을 놓는 거예요. 계속 한 음만 그으면서 만화책을 읽어요. 엄마가 들어오면 자연스럽게 악보를 넘기고요. 엄마가 너 왜 이렇게 온음만 계속 긋니, 물으면 나 요즘 내 소리를 고치고 있어, 라고 심오한 대답을 했어요. 하하."

도무지 끝이 보이지 않는 예술이라는 '일'을 지속할 수 있는 건 훌륭한 것을 훌륭하다고 알아볼 수 있는 재능이 있기 때문이라는 것을 이제는 안다. 아무리 위대한 것이라도 그것이 내게 큰 가치가 없다면 계속할 이유가 없다.

이한나는 예원학교와 한예종, 미국 커티스 음악원, 뉴잉글랜드 음악원(NEC), 독일 크론베르크 아카데미에서 공부하는 동안 가슴이 뜨거워지는 경험을 여러 번 했고, 그 아름다운 순간을 스스로 빚어내고자 고독한 연습실로 돌아가는 일을 반복했다.

'이미 이 세계에 훌륭한 사례가 있는데, 나까지 열심일 필요가 있을까' 같은 생각은 음악 분야뿐 아니라 끝이 보이지 않는 아득한 여정을 막 시작한 젊은이들이 품기 쉬운 마음이다. 그러나 스스로 재능을 믿어본다면 '나도 여기에 껴서 비슷한 뭔가를 해내고 싶다' 같은 조금 더 긍정적인 생각을 발휘할 수도 있다.

"좋은 연주를 많이 듣는 게 다른 무엇보다 더 중요한 일일 수도 있어요. 입시 준비하느라, 실기 시험 준비하느라 음악학교 학생들은 늘 바쁘거든요. 저는 제자들에게 항상 연주 들으러 가라, 실내악 연주회 가서 전체 앙상블을 봐라 이야기해요. 좋은 연주를 들으면 잘하고 싶은 마음이 생겨요. 음악적 센스도 기를 수 있고요. 예술이라는 게 이렇게 위대한 거구나, 나는 비록 부족하지만 그래도 이 세계에 껴 있고 싶다, 생각하게 되죠. 음악 하는 즐거움과 감사함은 객석에서 만들어져요."

그렇게 자기 것이 쌓이다 보면 누군가의 평가나 가르침을 걸러 들으며 성장하는 법도 알게 된다. 음악이란 정답이 없기에 어떤 마디를 어떻게 연주하느냐 하는 작은 문제부터 작곡가를 이해하는 방식, 음악을 대하는 태도까지 천차만별의 조언과 사례를 접할 수 있다.

'내 것'이 없다면 끊임없이 흔들리다 결국은 꺾이고 마는 순간이 온다. 차곡차곡 쌓으며 발전하는 일에는 어느 정도의 재능 그리고 자신의 재능을 향한 믿음이 필요하다.

"레슨 방식은 선생님마다도 다르고, 그날그날 필요한 내

용에 따라서도 달라요. 어떤 날은 한 마디 두 마디만 반복하
면서 배울 때도 있고, 선생님이 갑자기 비브라토에 꽂히기라
도 하면 비브라토만 내리 하다가 집에 가기도 하고요. 두 선
생님에게 동시에 레슨을 받던 시기도 있었고, 마스터클래스
쫓아다니면서 여러 명연주자의 이야기를 듣기도 하니 상반
된 가르침도 종종 경험했어요.

　　그럴 땐 나에게 가장 잘 맞는 것만 취하는 거예요. 아, 이
것도 가능하고, 저것도 가능하구나. 그럼 나는 이렇게 해야
지, 하고 마는 거죠. 음악을 사랑하는 마음만 꺾이지 않으면
돼요."

음악가라는 직업

　　음악을 한다는 건 어떤 신념을 갖는 일과 같다고 썼지
만, 당연히 신념만으로 할 수 있는 일은 아니다. 음악가가
되기 위해서는 몸과 마음도, 그리고 자본과 시간과 노력도
든다. 자본과 시간은 있는데 노력을 기울일 재능이 없는 경
우도, 시간과 노력은 들일 수 있는데 자본이 없는 경우도
있다.

　　이런저런 조건으로 걸러진 한국의 음악대학 졸업생 중

또 한 번 걸러진 (예비)음악가들은 대체로 유학길에 오른다. 유럽이나 미국의 전통 있는 학교에서 더 질 좋은 음악 교육을 받을 수 있으니. 운 좋게 그 재능을 인정받으면 장학금을 받긴 하지만 생활비에 들일 자본이 또 필요하다. 그러는 동안 재능은 계속해서 더 밝게 빛나야 한다. 이러한 어마어마한 여정을 거쳐야만 '한국에서 음악가 되기'가 가능하다.

　음악을 공부하는 학생들은 어느 한 명의 스승을 따라 유학지를 결정하는 경우가 많다. 이한나는 한국에서 로베르토 디아즈(Roberto Diaz. 현 커티스 음악원장)의 가르침을 받을 기회가 있었고, 그 길로 2004년 커티스 음악원에 진학했다. 커티스 음악원은 소수의 음악학도만 수용해 전 학생에게 전액 장학금을 지급하는 미국의 대표적인 음악학교다. 이후 킴 카쉬카시안(Kim Kashkashian)을 따라 뉴잉글랜드 음악원에 진학해 여기서도 학비 중 90퍼센트 이상을 장학금으로 지원받았다.

　미국에서 7년을 보내고는 이마이 노부코(Imai Nobuko)라는 일본 출신 비올라 거장을 따라 독일 크론베르크 아카데미로 건너가 학업을 이어갔다. 크론베르크 아카데미는 오케스트라나 실내악 수업은 거의 없고 마스터클래스와 레

슨만 받는 곳이라 이미 연주자로 활동하고 있는 이들이 배
움을 이어가기 위해 찾는 곳이다.

이한나는 부모님의 도움을 받아 공부를 오래, 많이 할
수 있었다는 점에서 조심스럽다면서도 유학 생활이 쉽지만
은 않았던 것을 회고했다.

"성인 된 지가 한참 지났는데 계속 부모님께 손 벌릴 수는
없잖아요. 뉴잉글랜드 음악원에 다니기 시작한 후부터는 방
학 때마다 한국에 들어와 내내 일했어요. 여름에 주로 열리
는 명망 있는 페스티벌이나 캠프 중 꼭 가야겠는 것 한두 개
만 참석하고 주로 레슨을 많이 했어요. 개인 연습은 거의 못
했죠.

다행스럽게 연주 기회를 꽤 많이 얻었어요. 금호아시아나
문화재단에서 독주회를 비롯해 이런저런 시리즈에 저를 불
러주셨고, 화음체임버오케스트라 선생님들이 너 잘하는구나
하면서 막내로 종종 끼워주셔서 즐겁게 했어요. 레슨비와 연
주료를 주 수입으로 삼을 수 있었으니 다행이죠."

사랑으로, 발견하며

이한나는 최근 중국 톈진시에 새로 생긴 줄리아드 음악원 글로벌 캠퍼스에 교수직을 얻어 정착했다. 연주 여행은 계속 다니겠지만, 프리랜서로 일하며 크고 작은 굴곡을 혼자 감당하는 것과 한 학교에 적을 두고 그 체계 안에서 일하는 것은 삶의 방식에 큰 차이가 있을 것이다.

이러한 결정은 2022년 6월, 엄마라는 역할이 이한나의 삶에 보태어졌기 때문이기도 하다. 이한나와 나는 이렇게까지 일상이 뒤엉킬 수 있는지, 일에서 안정감이라는 게 얼마나 절실한지 목소리를 높여 이야기했다.

몸이 영감이고 수단인 예술가에게 출산과 육아란 일의 지속에 있어 극단을 경험하게 한다. 출산 2주 전까지 무대에 올랐던 이한나는 아이를 낳은 후, 음악을 시작한 이래 처음으로 백 일간 악기를 한 번도 손에 잡지 못했다. 예민함과 피로감으로 매일매일 소진되는 기분을 느끼지만, 한편으로는 그 모든 다채로운 감정의 층위로 표현의 범위를 넓혀간다.

"리허설 시간이 부족했다거나 음 하나를 실수했다거나 하는 사소한 일에 호들갑 떨었던 순간들은 무의미해지고,

거대한 사랑을 음악에 담는 듯한" 기분을 느끼게 하는 게
아이가 하는 일이다.

> "노부코 선생님이 그러셨거든요. 음악에는 상상력이 필
> 요하다고요. 인생에서 겪어볼 수 있는 행복은 다 겪어보는
> 게 음악에 도움이 될 거라고, 대신 극심한 슬픔 같은 건 직접
> 겪을 필요 없으니 영화나 책을 많이 보라고요. 그게 제 인생
> 에 가장 중요한, 또 사려 깊은 가르침이었던 것 같아요."

엄마가 되고 나면 일을 더 잘하고 싶어진다. 마감일
에 늦고, 글의 완성도가 떨어지고, 어쩔 수 없었다는 핑계
로 이해받고 싶은 욕구를 혼자 품기도 하지만, 결국은 어떠
한 부정적인 피드백도 받고 싶지 않아 더 애를 쓴다. '엄마
콤플렉스'일지도 모른다. 능력 있는 엄마, 행복한 엄마, 일
도 육아도 완벽하게 해내는 엄마…. 세상이 이상화하는 모
습에 압박을 느끼는 것도 사실이다. 그 모든 마음까지 이고
진 채 하루하루를 열심히 산다.

작가의 일도, 음악가의 일도 아는 만큼 보고, 아는 만큼
이해하고, 내가 수용한 만큼 다시금 표현하는 일이다. "악
보를 연습하며 '답'을 찾고 싶었던 어린 시절이 있었다면,

이제는 끝이 보이지 않는 연구를 계속한다는 마음으로, 이 순간 표현할 수 있는 최대의 것을 솔직하게 그려내는" 일만이 지금의 우리가 할 수 있는 일임을 공감한다.

"정해진 답이 있다면 제 도전은 진작에 끝났겠죠. 이번에 이 곡 연주했으니 끝, 다 풀었다. 그런 게 아니라 어렸을 때 풀어낸 답과 지금 풀어낸 답이 다르다는 게 신나고 재밌어요. 나이가 든 후에 제가 풀어낼 답은 어떨까요. 그 기대를 향해 오늘 하루를 충실히 사는 거예요."

FINE

"음악가를 꿈꾸는 사람도,
음악가가 된 사람도
가장 많은 시간을 보내는 건
'연습'이다."

"아, 이것도 가능하고,
저것도 가능하구나.
그럼 나는 이렇게 해야지
하고 마는 거죠.
음악을 사랑하는 마음만 꺾이지
않으면 돼요."

김
지
희

오페라 코치, 피아니스트
1993년생. 뉴욕주립대에서 피아노를 전공하고 이탈리아어를
부전공했다. 플로리다 그랜드오페라에 소속되어 일했으며
현재는 프리랜서 오페라 코치로 일하고 있다. 『G는 파랑』을
썼다.

헤매지 않으면
알 수 없는 것

"제 이름은 김지희고요, 저는 여자입니다."

이메일이 몇 번 오갔고, 만남을 위한 장소와 시간까지
다 정한 후 이메일의 맨 마지막 줄에 김지희는 이렇게 적었
다. 그의 이름과 직업, 성별조차 모른 채로 만남을 청한 참
이었다. 당신이 궁금합니다. 당신은 누구인가요?

김지희는 〈어쿠스틱 위클리〉라는 뉴스레터의 발행인
이었고, 나는 구독자였다. 일주일에 한 번 글을 받을 때마
다 처음에는 혼자 감탄했고, 얼마 후에는 동료들에게 추천
하기 시작했으며, 그러다 못 참고 직접 이메일을 보낸 것이
다. '못 참고'는 있는 그대로의 표현이다.

나는 차 한잔 하자고, 거절하셔도 괜찮다는, 애매모호
한 내용을 어정쩡한 자세로 앉아 여러 번 고쳐 쓴 끝에 보
냈다. '가장 추상적인 예술'이라는 제목으로 발행된 156번
째 에피소드를 읽은 직후였다.

김지희는 이 글에서 영국 작곡가 브리튼(Benjamin Britten)의 가곡 「여름의 마지막 장미(The Last Rose of Summer)」를 소개했다.

오늘의 곡은 여름의 끝에 남은 장미에 대한 시에 붙은 노래입니다. 봉오리 없이 쓸쓸히 남아 있는 붉은 꽃을 나는 떠나지 않을 것이라, 곧 따라갈 것이라 말합니다. 스러지는 자연에 대한 이야기일 수도, 한때 아주 빨갛던 감정의 시들어 감을 노래한 것일 수도 있습니다.

시에도 이미 운율이 있기 때문에 그에 붙은 가곡에 대한 감상은 항상 조심스럽습니다. 하지만 가끔은 이 선율을 동반하기 위해 이 단어들이 먼저 모였구나 생각이 드는 노래가 있습니다. 오늘의 가곡은 비 오는 저녁에 창문을 살짝 열고 흙 냄새를 맡으며 큰 음량으로 감상하시길 바랍니다. 가장 추상적인 것이 가장 구체적으로 변하는 순간을 선물합니다.

그러고는 '가사 보기' 링크와 '높은 목소리로  듣기', '낮은 목소리로 듣기' 링크를 달았다. 소프라노 펠리시티 로트(Felicity Lott)와 베이스바리톤 제럴드 핀리(Gerald Finley)의 노래 중 나는 핀리의 것을 골랐다. 4분 정도의 길지 않은 곡을 여러 번 들었고,

조금 울었다.

김지희의 책 『G는 파랑』의 추천사에도 썼지만(그렇다, 후에 나는 그의 책 추천사를 쓰기에 이른다), 그는 담담한 문체로 울컥하게 만드는 재주가 있다. 곡에 대한 분석이나 정보 전달 혹은 개인의 체험기 사이 어디쯤, 객관과 주관의 균형 속에 읽는 즐거움을 전해준다.

그의 글은 내가 기다리는 이야기이기도, 내가 쓰고 싶은 이야기이기도 하다. 무엇보다 내면 깊숙한 곳을 내보이면서도 정체는 잘 드러내지 않는다는 특징이 있는데, 이 멋진 수법이 김지희의 글을 더 읽고 싶게, 그를 더 궁금하게 만든다.

"글을 쓴 이에 대한 정보가 아예 없는 상태로 글이 읽히길 바랐어요. 피아노를 전공하며 겪은 일화를 종종 쓰긴 했지만 이름도, 성별도, 어느 나라에 살고 있는지도 드러내지 않았어요. 작년에 만나자고 하셨으면 어렵겠다고 대답했을 거예요. 이제는 저를 좀 드러낼 수 있을 것 같아요."

질문지라고 쓴 빈 종이에 궁금한 마음만 가득 담아 도착한 곳은 김지희가 추천한 경기도 일산의 어느 카페였다.

손님이 하나도 없는 드넓은 공간에 드보르자크의 교향곡이 크게 흘러나오는 풍경이 좀 어색한 그런 곳이었다. 산세가 우거진 테라스에 홀로 앉아 기다리던 김지희는 드보르자크의 오페라를 공연하러 곧 뉴욕에 갈 거라 했더니 사장님이 드보르자크의 음악을 틀어주셨다면서, 만난 지 세 번 만에 카페의 사장과 친해졌다는 이야기를 들려주었다. 외향적인 성격이구나. 자신을 드러내지 않는 외향인이라니? 내향인은 차오르는 물음표를 차분한 얼굴 뒤에 감춰둔 채 듣기의 자세를 갖췄다.

작별 인사와 자기소개

이날의 만남 이후 얼마 지나지 않아 〈어쿠스틱 위클리〉의 마지막 에피소드이자 170번째 이야기 「라 보엠」이 발행됐다. 김지희는 마지막 글에서 자신의 이름과 직업을 밝히며 구독자들을 향한 감사의 마음을 전했다.

그간의 글을 모아 『G는 파랑』이라는 제목으로 책을 냈고, 작은 음악회를 열어 구독자들과 처음으로 직접 만나는 자리를 마련하기도 했다. 작별 인사와 자기소개의 어우러짐이 묘했다.

"오페라 코치 일을 시작한 지 얼마 지나지 않아 몸이 많이 아팠어요. 부모님께 걱정 끼치는 게 싫어서 한국에서 수술도 혼자 받았는데, 의사 선생님이 6개월 정도는 아무 일도 하지 말고 푹 쉬는 게 좋겠다고 하시더라고요. 미국에 있는 부모님 댁으로 가서 차려주시는 밥 얻어먹으며 회복의 시기를 보냈어요. 연습도 안 하고, 공부도 안 하고 있다 보니 음악가로서 정체성을 잃어버릴 것 같더라고요. 그렇게 글을 쓰기 시작했어요."

2020년으로 넘어가는 겨울이었다. 8천 명까지 구독자가 빠르게 늘었고, 만 명이 보는 글을 매주 한 편씩 3년 넘게 썼다. 음악가로서 삶을 이어가게 만든 끈, 무언가 다시 시작할 수 있다는 감각이 곧 〈어쿠스틱 위클리〉였다.

예전에 고등학교 음악 선생님께서 슈베르트의 특징에 대해 설명을 해주신 적이 있습니다. 슈베르트의 음악은 다음에 어떤 음이 나올지 예상이 가능하다는 게 장점이라고 하셨습니다. 처음 이 말을 들었을 때는 왜 그게 좋은 건지 이해하지 못했습니다. 예상이 가능하다는 것은 곧 뻔하고 지루하다는 거 아닐까 생각했습니다. 하지만 시간이 지나고 나니 예상

가능함에서 오는 편안함이 소중하다는 것을 느꼈습니다. 예상치 못한 일로 놀랄 일이 없는 게 얼마나 많은 마음의 평화를 가져오는지 알게 되었습니다. 그제야 왜 슈베르트가 대중에게 인기 있는지 깨달았습니다. (중략)

　내일이 곧 오늘 같을 거라는 생각이 위안이 되는 것을 알았습니다. 슈베르트의 음악은 그런 삶을 이야기합니다. 너무 익숙해서, 너무 단순해서, 너무 편해서, 그래서 좋습니다.•

어린 시절의 김지희는 "이야기가 많은 삶을 살고 싶다"는 꿈을 꿨다. 그러다 피아니스트가 됐고, 사방이 벽으로 막힌 연습실 안에서 악보를 있는 그대로 학습하며 과연 얼마나 많은 이야기를 만들어낼 수 있을까, 종종 좌절했다고 한다.

〈어쿠스틱 위클리〉는 김지희가 꿈꾸던 삶이다. 그의 병은 완치됐다. 내면에 쌓아둔 절망과 아픔, 쉼과 회복, 긍정성을 글로 떠나 보낸 뒤 다시 새로이 길을 걷기 시작한다. 헤맨 뒤 찾은 자신만의 길을.

• 〈어쿠스틱 위클리〉 에피소드10, '슈베르트 교향곡 5번'.

스스로 행복한 방식 찾기

오페라 코치라는 직업에 대해 거의 아는 바가 없었다. 피아노를 전공했는데 오페라 코치를 한다기에 성악가로 전향한 것인가 어렴풋이 생각했다. 오페라 코치란 오페라 작품을 무대에 올리기 전 오케스트라를 대신해 연습을 이끄는 역할을 말한다.

오페라 연습 과정 내내 큰 비용을 들여 오케스트라 전원을 참석하게 하는 건 어려운 일이니 피아노 반주에 맞춰 작품을 만들어가는 경우가 대부분이다. 이때 피아니스트는 오케스트라 총보를 편집한 연습용 피아노 악보를 연주한다. 오케스트라는 공연 3-4일 혹은 일주일 전에 합류해 전체 리허설을 치른다. 오페라 코치란 말하자면 피아노 반주자인 셈인데, 요구되는 역할이 일반 피아니스트와 다르다.

"만약 악기 열 개가 동시에 소리 내는 부분이 있다면, 피아노가 열 개 성부를 다 칠 수가 없으니 중요한 음 몇 개만 치거든요. 연습용으로 출판된 피아노 악보를 그대로 따라 연주하기도 하지만, 지휘자의 요구에 따라 혹은 성악가의 필요에 따라 다르게 연주하는 경우가 많아요. 연습 들어갈 때 오케스트라 총보랑 연습용 피아노 악보를 다 들고 가요.

연습이 시작되면 정신이 하나도 없어요. 지휘자도 살피고, 성악가들도 살피고. 계속 확인하고 표시하고 수정하면서 작품을 만들어가는 기쁨이 있어요. 악보에 있는 세세한 요소들을 그대로 치는 게 가장 중요했던 솔로 피아니스트 때와는 달리 음표 한두 개를 놓치더라도 오케스트라처럼 사운드 덩어리를 잘 만드는 게 중요한 지금이 훨씬 재밌어요."

김지희가 이 직업을 만난 건 우연이었다. 2017년 여름, 대학 시절 친하게 지내던 친구가 베를린에서 열리는 한 음악 캠프에 참석한다기에 친구를 놀라게 해주려는 장난스러운 마음으로 베를린에 갔다. 이곳에 참석한 피아니스트들은 무료로 연주를 해주고, 현역 오페라 코치에게 레슨을 받을 수 있었다.

그곳에서 "영화 〈센과 치히로의 행방불명〉에 등장하는 유바바 캐릭터와 생김새가 비슷한" 일본인 여성 코치에게 푸치니 오페라 「라 보엠」의 유명 아리아 「행복한 마음으로 떠났던 곳으로(Donde lieta uscì)」에 대해 배울 기회를 얻었고, 김지희는 그야말로 반해버렸다.

"이런 식의 가르침을 받았어요. '새끼손가락은 플루트, 엄지손가락은 비올라인 셈이다. 그러니까 두 손가락이 다르게 움직여야 한다. 플루트는 숨을 불어넣는 악기이니 까랑까 랑하지 않게 연주해야 한다. 페달도 마찬가지. 피아노를 돋 보이게 하는 페달이 아닌 오케스트라의 공명을 표현하는 페 달이어야 한다.'

몸집이 작은 분이라 손도 작았는데 그 작은 손에서 오케 스트라 사운드가 흘러나오는 게 너무나 신기하더라고요. 그 러면서 표정은 사랑에 빠진 주인공 미미 같았어요. 아, 이 일 을 해야겠다, 마음먹었어요."

피아니스트로서 김지희의 장점은 힘이 좋다는 것, 반 면 단점은 섬세한 표현이 부족하다는 것이었다. 치명적인 단점을 끌어안은 채 나는 왜 다른 피아니스트들처럼 하지 못할까 자괴하는 시기를 아프게 겪어냈기에 지금의 직업을 마음껏 사랑할 수 있는 것이라고, 김지희의 이야기를 들으 며 생각했다. 성장의 법칙 같기도 하다. 초년기는 괴롭다. 그러나 그 괴로움은 지속하며 나아가는 기세에 꼭 필요한 동력이 된다.

"성악가 40명의 소리를 주도하며 온몸으로 피아노를 연주하고 나면 너무 신이 나요. 제 에너지를 받아 지휘자도 헤드뱅잉하듯 열정적으로 끓어올라요. 물론 책임감이 버겁기도 하지만 재밌는 책임감이에요."

공연 없는 피아니스트

규모가 큰 오페라단에서는 오페라 코치를 정직원으로 고용하기도 하지만, 그렇지 않은 경우가 더 많다. 김지희는 플로리다 그랜드오페라 소속으로 직장 생활을 경험했고 현재는 하고 싶은 작품, 함께하고 싶은 지휘자, 시간, 보수 등에 맞춰 몇몇 오페라 단체와 계약해 시즌을 보낸다. 김지희에 따르면 오페라 코치란 피아노 연주만 하는 게 아니다.

"필요에 따라 성악가 개개인과 따로 연습실에서 개별 연습을 해요. 발음이나 세부적인 음, 리듬, 테크닉을 수정하는데, 기죽지 않도록 잘 북돋우는 게 중요해요. 제가 느끼기에 악기 하는 사람들은 직설적인 조언에 별 타격이 없어요. 반면 성악가들은 몸이 악기라 그런지 섬세한 태도가 필요해요. 지휘자와 연출가가 힘겨루기하거나, 음악팀과 무대감독의

소통이 수월하지 않거나, 별별 상황이 벌어질 때 리허설이
잘 이루어지도록 분위기를 조성하는 일을 제가 하게 되는 것
같아요."

연습실에서 작품을 완성해 무대에 올리는 일을 성공적
으로 해내고 나면 김지희의 역할은 끝이 난다. 청중이 자리
한 본 공연에는 오르지 않는 것에 대한 아쉬움마저 없다면
김지희에게 이 직업은 천직이다.

"공연을 안 하고 피아니스트를 할 수 있다는 게 너무 좋아
요. 어렸을 때, 암보 스트레스가 커서 공연 전에 헛구역질을
하기도 했거든요. 저에게는 사실 매일이 공연인 셈이에요.
하루에 길게는 열두 시간씩 40명 앞에서 피아노를 치는 게
공연이 아니면 뭐겠어요. 이 직업을 갖게 된 걸 하늘에 감사
할 뿐이에요."

○○○ 피아니스트 되기

어렸을 때는 꿈을 한두 단어로 표현할 수 있었습니다. 피
아니스트, 대통령, 천문학자, 문방구 주인, 슈퍼마켓 주인처

럼 간단하게 말할 수 있었습니다. 하지만 시간이 지날수록 꿈은 동사가 되었습니다. 더는 한 단어로 말할 만큼 단순하지 않습니다. '피아니스트'였던 꿈은 '음악을 좋아하는 사람들과 오랫동안 연주하기'로 바뀌었고, '부자 되기'는 '천장이 높고 창문이 큰 집에 살면서 사람들 자주 초대하기'로 바뀌었습니다. (중략)

내 꿈도, 소원도 점점 단어에서 문장으로 바뀝니다. 꿈이 작아진 것은 아니지만 소박해졌습니다. 하지만 더 어려워졌습니다. 평범하다고 생각한 일이 사실 얼마나 어려운 일인지 깨달으면 조금 쓸쓸합니다.•

피아노를 사랑해서 피아니스트가 되어도 그 일이 행복하지 않을 수 있다. 그렇다면 행복한 피아니스트가 되는 길을 찾으면 된다. 불행함을 느끼며 포기하는 대신.

어렸을 때는 이를 알기가 어렵다. '피아니스트'와 '행복하지 않음'이라는 선택지만 있으니. 도전과 용기와 절망과 끈기 속에서 행복한 피아니스트로 가는 수십 갈래 길이 발견된다는 것을, 막막해하던 어린 나에게 이야기해줄 수 있

• 김지희, 『G는 파랑』, 윌북, 2023, 133-134쪽.

다면 좋겠다. 그리 귀담아듣지는 않겠지만.

김지희가 초등학교 때 그만둔 피아노를 다시 배우기 시작한 건 고등학교 1학년 때다. 아마도 미국에 있었기에 가능했던 일이다. 한국이었다면 모두가 너무 늦었다고 했을 것이다. 음악에 대한 열정만으로 맨해튼 음대 예비학교 시험을 치르러 갔다. 김지희는 검은 턱시도를 입은 네다섯 살 아이들 사이 키가 불쑥 큰, 분홍색 반팔 티셔츠 차림의 순진한 학생이었다.

베토벤 「월광 소나타」 3악장을 준비해 갔다. 그러나 으리으리한 그랜드피아노와 무표정한 심사위원들이 주는 압박감에 제대로 치지도 못하고 엉엉 울다 오디션이 끝나버렸다. 심사위원 중 한 명이 김지희의 이야기에 귀 기울여주지 않았다면 그의 피아노 인생은 시작되지 못했을 것이다. 아주 중요한 일은 때때로 아주 사소한 순간이 만든다.

"앉아봐라, 숨을 크게 내쉬어봐라 하면서 심사위원들이 그래도 기회를 주시더라고요. 피아노가 왜 좋은지 천천히 말해보라고요. 그래서 평생 피아노랑 물만 있으면 다른 어떤 것도 필요 없다고, 꺽꺽 울면서 말했어요. '아이 러브 뮤직.' 웃기죠. 엉망진창으로 오디션을 마치고 로비를 걸어 나가는

데 교수님 한 분이 쫓아 나와 이것저것 물어봤어요. 어디서 왔는지, 어떤 음악을 좋아하는지. 생각나는 대로 대답했는데, 2주 후에 입학하라는 편지를 받았어요. 다들 나이가 너무 많아서 안 된다고 했는데 그 남자 미국인 교수님이 본인이 가르쳐보겠다고 하셨대요. 제게는 귀인이에요."

'아이 러브 뮤직'이라고 외치던 소녀는 피아니스트라는 꿈을 이뤘고, 이제는 어떤 피아니스트가 될 것인가에 대한 답을 찾아간다. 미국 오페라계를 주도하는 유명한 피아니스트일 수도, 행복한 일상을 만끽하며 사는 피아니스트일 수도 있다. 수많은 선택지 중 '피아니스트'라는 답은 달라질 리가 없다는 것도, 그리고 '피아니스트' 앞에 그 어떤 말도 써넣을 수 있다는 것도 지금 이 시기에만 누릴 수 있는 설렘과 행복이다.

"일이 잘 안 풀릴 때마다, 이를테면 오페라 코치가 막 되고 나서 팬데믹이 터져 아무것도 못 했을 때, 그럼에도 괜찮았던 이유는 그래도 제 실력에 자신이 있어서였어요. 제가 가진 장점에 확신이 있었기에 1, 2년쯤 기다리는 건 일도 아니었어요. 오늘 만남 직전에 제가 하고 싶은 작품들로 이번

시즌을 다 채웠거든요. 최종 사인한 계약서를 오늘 아침에 각 프로덕션에 이메일로 보내고 기쁨이 주체가 안 돼 공원에 나가 막 달렸어요. 드디어 30대예요. 앞으로 얼마나 멋진 일들이 펼쳐질까요?"

FINE

"꿈이 작아진 것은 아니지만
소박해졌습니다.
하지만 더 어려워졌습니다.
평범하다고 생각한 일이 사실
얼마나 어려운 일인지 깨달으면
조금 씁쓸합니다."

© HYUN-MIN LEE ArtLab MIIO

이
원
석

퍼커셔니스트

1994년생. 예원학교, 커티스 음악원, 템플 대학교에서
수학했다. 현재 KBS교향악단 수석 팀파니스트로 무대에
오르며, 전방위 현대음악가로 활동한다.

답을 찾던 소년은
답이 없음을 노래하고

말러 교향곡 3번의 마지막 악장은 찬란하게 아름답다. 대
편성 오케스트라에 어린이 합창단, 어른 합창단이 가세하
여 신비하고 오묘한 만물의 풍경을, 그 안에 뒤섞인 고통과
절망을 치열하게 노래한다. 1시간 40분가량의 대곡의 마지
막은 '그럼에도 불구하고'의 태도, 그 모든 걸 끌어안는 사
랑이라는 감정이다. 모든 악기가 끓어오르듯 충만함을 노
래하는 절정의 순간, 쿵-쾅-쿵-쾅-쿵-쾅, 팀파니의 느린
연타가 시작된다. 그때 나는 조금 울었다. 있는 힘껏 내리
치며 하는 위로. 고독한 정도(正道)의 길로, 우리는 별수 없
이 나아가야 합니다, 이 모든 사랑을 감싸안고.

　　피에타리 잉키넨(Pietari Inkinen)이 지휘하는
KBS교향악단의 연주를 듣고 집으로 돌아가는 길
에 창문 닫힌 고요한 자동차 안에서 혼자 그 연타를 되새김
질하듯 들었다.

　　"일종의 명상 혹은 수행 같아요."

  연주회 며칠 뒤 만난 이원석은 무대에 서는 일을 이렇게 비유했다. 자기 의심과 불안으로 시끄럽게 고독한 자신을 온전히 몰입하게 해주는 일이라고.

  "폭주 기관차같이 살았다"는 표현도 했다. 열세 살에 본격적으로 음악 활동을 시작한 그는 군 복무 기간을 제외하면 음악을 중단한 적이 없다. 시끄럽게 고독한 채로 내리쳤을 수많은 음과 "답이 없다는 게 답"이라는 걸 알게 된 후에 다시 내리쳐 냈을 소리가 계속 이어져 이원석이라는 하나의 울림을 만든 것이라고, 말러의 음악처럼 복잡한 그의 긴 이야기를 들으며 나는 그렇게 생각했다.

  잘하고 싶은 마음을 냉소적인 얼굴 뒤에 숨겨두던 소년 시절을 떠나보내고, 일상을 충실히 하며 '예술가다움'을 고민하는 청년기를 맞은 이 시기의 그를 만나 다행이라는 생각도 했다. 그는 삼청동 길들을 함께 걷자고 했다. 불쑥 찾아온 여름의 계절감을 느끼며, 우리는 맛있는 맥주도 몇 잔 나누어 마셨다.

너무 시끄러운 고독

  "서울예술고등학교에 입학한 후 얼마 지나지 않아 미국

유학을 결정하고, 1년 정도 어디에도 소속되지 않은 채 자유롭게 지내던 시기가 있었어요. 그때 여기 아트센터 선재에 자주 와서 전시 보고, 이 부근 걸어 다니면서 계속 생각하고, 생각하고 그랬어요. 여기가 제 학교나 다름없죠. 제 안에 가득 차 있던 자격지심을 많이 털어낼 수 있었던 시기이기도 해요."

그는 친형을 향한 마음을 먼저 털어놓았다. 피아니스트였던 어머니와 오페라 준전문가였던 아버지의 보살핌 아래 두 살 터울의 형제가 함께 자랐다. 키도 크고 공부도 잘해 인기가 많았던 형은 트럼펫을 불었고, 작고 마른, 예민해서 친구들이랑 잘 어울리지도 못했던 동생은 타악기 수업을 받았다. 형은 불가항력의 이유로 악기를 그만둘 수밖에 없는 상황에 놓이지만, 금세 다른 잘하는 것을 찾아 사회적으로 성공을 이루었다고 한다. 형이 유일하게 시도해보지 않은 타악기가 이원석에게는 "생존 수단 같은 것"이었다.

"이제 와 생각하면 감사한 환경이었다고 생각해요. 화목한 가정에서 자랐고, 어린 시절부터 교육의 기회도 충분히 받았으니까요. 좋은 학교 다니고, 밖에서는 잘한다고 칭찬받고 인정받는데 돌아오면 또 불안하고, 의심하고….

그래서 유학도 반대하시는데 왜 안 돼, 할 수 있지 하는 반발심 같은 걸로 밀어붙였어요. 미국 가기 직전에 서울시향 객원 단원도 하고, 리사이틀도 열고요. 사회적인 활동을 시작하면서 조금씩 자존감을 키워나간 것 같아요."

비교와 의심이 꼭 독이 되는 건 아니다. 발전을 위한 동력이 되기도 하니. 시간이 지나, 긍정적으로 해석해본다면 그렇다. 당시에는 고뇌와 번민을 홀로 삼키는 매일매일을 견뎌야 한다. 전 세계의 실력이 뛰어난 학생들이 모인 커티스 음악원에서 그리고 템플 대학교에서 그는 각기 다른 방식으로 조금씩 어른이 되었다.

"커티스 음악원은 소수의 학생이 공부하는 곳이니 가족 같은 분위기였어요. 그러니 형한테 느꼈던 감정을 동료들로부터 느꼈을 거예요. 같이 공부한 친구들 중에는 아마 제가 제일 열심히 했을걸요.

그런데 한 번씩 누구는 어디 유명한 오케스트라랑 협연하러 간대, 누구는 이번에 어디 콩쿠르에서 뭐 받았대 이런 이야기를 듣게 되면… 나란히 앉아서 같이 밥 먹으면서 애와 나의 차이는 뭘까, 신이 내려준 능력 자체가 아예 다른 걸까, 이런 질문들이 제 안에서 피어나는 거죠."

템플 대학교는 커티스 음악원만큼 음악 교육으로 그리 잘 알려져 있지는 않다. 당시 이원석에게는 줄리아드 음악원을 장학금을 받고 진학할 수 있는 선택지도 있었지만, 템플 대학교의 앨런 에이블(Alan Abel) 교수로부터 배우고 싶다는 열망으로 진학을 결심했다.

"황금기를 겪은 학교이긴 했어요. 시카고 심포니, 보스턴 심포니 같은 미국의 주요 오케스트라 타악기 수석들이 다 이 학교 출신이거든요. 제가 들어갈 때부터 이미 쇠퇴했다는 말이 있긴 했지만요. '학벌'이라는 걸 체감한 계기도 됐어요. 어릴 때부터 명문 학교만 다녔는데, 학벌을 지우고 난 '나'는 정말 별 게 아니더라고요.

당시로서는 마음이 어렵기도 했지만 결국은 잘 극복했어요. 커티스 음악원에서 느꼈던 것들과 정반대의 경험들을 했고, 정말 다양한 사람들을 마주하면서 주변을 의식하는 데 쓰던 에너지를 나 자신을 위해 쓸 수 있게 됐죠."

세상 속에 자신을 위치 짓고, 그것을 확인하는 일을 멈출 수 없던 지난날을 떠나보내고, 이원석은 '과거의 나'와 '현재의 나'를 비교함으로써 '미래의 나'를 상상하는 일에 몰입한다. 우리는 '속 시끄럽다'는 어느 지역 방언을 떠올리며, 그 사납고 세차던 고뇌를 긍정적으로 쓸 수 있게 됐다는 데 안도했다.

"최소한 어디로 가는 게 좋을지, 그 방향은 알게 되었으니 다행이죠."

궁극의 음악적 순간들

이원석은 매사에 진심이다. 마음을 다해 이해하고, 집중하고 싶어 한다. 진심을 다한다는 건 용기 있는 일이라고, 본인은 용기 있는 사람이라는 말도 했다.

"요즘에는 사람들이 중요한 일에 진심이기를 거부하는 경우가 많은 것 같아요. 너무 많은 에너지가 필요해서, 피로하니까 그렇겠죠. 나의 진심을 세상에 알리고, 설득하는 것. 그것이 유일한 예술가다움인 것 같아요."

고차원의 의미를 품은 예술 작품들 앞에서, 이해할 수 없는 내면의 감정과 외부 상황 속에서 내내 가시를 세우던 작은 소년은 잊을 수 없는 음악적 순간들을 경험하며 둥글둥글하게, 긍정하며 음악 하는 법을 조금씩 알게 된다.

"제 인생에 중요한 두 가지 사건이 비슷한 시기에 있었는데요. 하나는 작곡가 헬무트 라헨만(Helmut Lachenmann)의 음악극 「성냥팔이 소녀」 미국 초연에 비브라폰 솔리스트로 참여한 때예요. 그야말로 기괴하고 난해한 음악이었는데, 연주를 시작하고 얼마 지나지 않아 객석으로부터 야유와 비난의 소리가 들리기 시작하는 거예요. 야유는 점점 커지고, 중간에 막 나가기도 하고요. 와, 이런 일이 실제로 있구나 생각하며 그래도 집중해서 마쳤어요.

나중에 라헨만이 연주자 개개인에게 편지를 보냈는데, 이 시대를 살아가는 우리는 '아름다움'에 대해 고민해야 할 의무가 있습니다. 이건 나만의 하나의 관점입니다, 고맙습니다, 하는 내용이었어요. 완전히 충격받았죠. 예술가로서 해야 할 일, 그리고 자기표현에 대한 확신 같은 걸 배울 수 있었어요.

다른 하나는 세묜 비치코프(Semyon Bychkov)라는 지휘자

가 영국의 한 음악 축제에서 어떤 오케스트라와 차이콥스키
「만프레드 교향곡」을 연주할 때 객원으로 참여했던 경험이
에요. 당시 오케스트라가 엄청 못했거든요. 지휘자의 명성에
비해 형편없는 상황이었는데도, 한 번 목소리를 높이지도 않
고, 강압적인 방식 없이 연주 수준을 쭉 끌어올려 엄청난 에
너지의 총체를 만들어내더라고요. 이걸 뛰어넘는 감동의 순
간이 없는 것 같아요."

이원석뿐 아니라 연주자 몇몇으로부터 명지휘자들과
의 강렬한 추억에 대해 들어본 바 있다. 와, 그렇구나, 하면
서도 구체적으로 상상하기는 어려웠다. 상임 지휘자가 아
닌 객원 지휘자와 오케스트라는 리허설 몇 번에 본 무대 한
번을 올린다. 교류하는 시간이 그리 길지 않은 것. 그 며칠
만에 소리가 달라질 수 있을까? 어떻게? 무슨 수로? 음악
가가 아니고서는 그리기 어려운 그 찰나를 조금이나마 이
해해보고자 파고들었다.

"빈 필하모닉 오케스트라는 누가 지휘해도 똑같은 소리
가 난다는 말이 있어요. 그것처럼 오케스트라 고유의 소리는
늘 같아요. 언제나 아름다운 소리를 내야 하는 의무가 있죠.

지휘자와 오케스트라의 관계성, 그 조화로움에 따라 다른 특징들이 생겨나는 것 같아요.

음… 인상 깊었던 지휘자로 정명훈과 에사 페카 살로넨(Essa-Pekka Salonen)이 있어요. 두 분이 극과 극이에요. 은유적인 표현으로 살로넨은 무인(巫人) 같고, 정 선생님은 성직자 같다고 할까요. 살로넨 지휘로 리하르트 슈트라우스의 「엘렉트라」를, 정명훈의 지휘로 베르디 「레퀴엠」을 연주했는데, 살로넨은 온 만물을 아우르는 느낌, 초월적인 무언가를 표현해내려는 느낌이고, 반대로 정 선생님은 자연스러움을 거부하려는 인간의 투지에 방향을 둔 것 같은 그런 해석을 보여주었어요.

이건 제가 오케스트라석에서 느낀 바를 설명한 것뿐이에요. 두 분 다 말로 풀이하고 설명하는 유형은 아니죠."

머릿속의 물음표가 더 거대해진다. 말이 아니라면 무슨 수로 이 거대한 개념을 서로 교류한단 말인가.

"그 몸짓과 손짓을 보고 있으면 이렇게밖에 연주할 수 없겠다, 하는 느낌이 들어요."

아, 탄성과 함께 깨달음. 그 뒤로 글과 말은 결국 음악이라는 추상 예술을 다 담을 수 없다는 좌절감이 따라붙는다.

그 모든 말들 끝에

이원석이 KBS교향악단에 수석 팀파니스트로 입단한 건 2022년 7월이다. 그리고 2023년 3월에, 한동안 클래식 음악 팬들을 술렁이게(?) 했던 그 '사건'이 벌어졌다.

엘리아후 인발 지휘로 쇼스타코비치 교향곡 11번 「1905」를 연주하던 도중 팀파니 네 대 중 한 대가 찢어진다. 그리고 이원석은 남은 팀파니 세 대로 바삐 조율하며 연주를 성공적으로 마친다. 그 대처법에 많은 이가 인정의 박수를 보냈고, 유튜브에서도 수백만 조회수를 기록했다. "술 마시다가도 떠올리면 술이 확 깨는" 사건이었다며 이원석은 웃는다.

타악기 전공자들은 팀파니를 포함해 심벌즈, 실로폰, 마림바, 비브라폰, 트라이앵글, 큰북, 작은북 등 다양한 타악기를 모두 배우는데, 프로페셔널의 세계로 오면 팀파니 한 대만 다루는 팀파니스트가 될 것인가, 여러 악기를 다루는 퍼커셔니스트가 될 것인가를 결정해야 한다고 한다.

  팀파니는 음의 높낮이가 있는 유율(有律) 타악기로 화음의 저변을 받치며 오케스트라의 뼈대 같은 역할을 한다. 그래서 팀파니스트를 제2의 지휘자라 부르기도 한다.

  KBS교향악단에 입단하기 직전 이원석은 "인생에 굴곡을 그린다면 가장 밑바닥을 찍을 시기"를 보낸다. 아버지가 편찮으시다는 소식에 미국 생활을 정리하고 한국으로 들어오는 길에 어쩌면 이제 정말 음악을 그만두어야 할까 생각했다고 한다. 디자인을 배우는 대학원에 다니면 어떠려나 구체적인 미래를 그려보기도 했다. 얼마 후 훈련소에 입소했고, 곧 장례를 치르러 나와야만 했다.

  "그만두려고 했던 이유는… 의미가 없는 것 같다, 다 소진된 것 같다는 느낌이 들어서였어요."

  아주 어린 나이에 직업을 결정하고 활동을 시작하는 예술가들은 보통의 사람들이 30-40대에 겪을 번아웃의 감각을 일찍 느끼기도 한다. 운동선수도 아마 비슷할 것이다.

  "그런데 오히려 고유의 자아를 부정당하는 훈련소 생활을 하면서, 아버지라는 존재를 떠나보내며, 저 자신과 대화를 많이 하게 된 것 같아요. 아, 나는 남은 평생을 음악가로 살아야겠다. 이런 결론으로 이어지더라고요. 조금 더 분명한, 그러면서도 보편적인 방식으로 제 음악이 가치 있어지기를 바라게 됐어요. 저는 그렇게 음악으로 돌아왔어요."

자연스러운 흐름처럼 KBS교향악단 입단 오디션을 치르게 됐고, 그의 첫 오케스트라 생활은 "행복하게" 이어지고 있다. 혼자서는 할 수 없는 훌륭한 오케스트라 작품을 함께 연주하며 그 귀한 경험을 내면에 차곡차곡 쌓는다. 그로부터 솔로 프로젝트에 대한 다양한 아이디어도 얻는다.

그는 오롯이 혼자 쓰고, 기획하고, 공연하는 이원석만의 공연 작품을 구상하고 있다. 그동안 KBS교향악단 내에서 '한여름 밤의 꿈'이라는 제목으로, 셰익스피어의 희곡을 음악회 형태로 재구성한 실내악 공연을 기획하기도 하고, '스튜디오페이즈'라는 이름으로 젊은 연주자 단체를 꾸려 미디어아트와 결합한 공연을 선보이기도 했다.

스스로 손꼽는 기획 작품은 앙상블 블랭크 이름으로 참여한 하우스 콘서트 무대다. 사뮈엘 베케트의 〈낫 아이(Not I)〉라는 텍스트를 기반으로 즉흥성을 띤, 행위예술에 가까운 연주회를 선보인 바 있다.

"결국에는 제 작품으로 말해야 할 것 같아요. 제가 이렇게나 말이 많고, 말하는 걸 좋아해도 언어로는 다 하지 못하는 무언가가 제 안에 있어요. 연극에 가까운 일종의 모노드라마 같은 형식이라고 할까요. 제가 만드는 드라마가 있고, 그에 필요한 소리를 발생시키는 방식이 될 거예요."

명료하지 않은 것들을 아우르며 간다. 이원석과의 대화가 종종 수수께끼처럼 느껴졌던 이유가 여기에 있는 듯하다. 그의 뱃속에서 말이 되지 못하고 부글거리는 것들이 음악이 되어 흐를 것이다. 다른 무엇보다 자기 자신을 기쁘게 하는 방식으로 그 울림이 만들어지면 좋겠다고, 그 말을 그에게 새로 전해야겠다.

FINE

"조금 더 분명한, 그러면서도
보편적인 방식으로 제 음악이
가치 있어지기를 바라게 됐어요.
저는 그렇게 음악으로 돌아왔어요."

문
종
인

기획자, 작곡가, 피아니스트
1984년생. 서울대학교 음악대학 작곡과에서 수학했고, 쾰른
국립음대에서 현대음악 피아노 연주자 과정, 실내악 과정을
밟았다. 현재 팀프 앙상블의 프로그래밍 디렉터로 일하며,
뮤지컬 음악감독으로도 활동한다.

질문도 답도
더 모호하고 복잡하게

그가 일도 하고 생활도 하는 공간에는 잘 가꾸어진 식물들이 곳곳에 놓여 있었다. 혼자 사는 집인데 어떻게 이렇게 많은 식물을 잘 돌보고 계시네요, 하니 부모님이 옆 동네에서 꽃집을 운영하는 덕이라는 답이 돌아왔다.

"독일 유학 중 방황하던 시절에 플로리스트로 업을 바꿔 볼까 진지하게 생각한 적이 있어요. 마이스터 과정이 있더라고요. 그런데 그것도 엄청나게 많은 시간과 비용이 필요하대요. 꽃꽂이가 은근히 작곡이랑 그 과정이 비슷해요. 무언가를 멋있게 아름답게 구성해내는 일이잖아요. 제 단점이 이것저것 쭉 펼쳐놓는 건 잘하는데, 불필요한 부분을 쳐내고 빼내는 걸 잘 못해요. 이것도 예쁘고 저것도 멋있어서 다 담으려고 하니, 부모님이 그렇게 하면 안 된다고 그러시더라고요."

문종인이 마실 거리를 준비하며 들려주는 이야기를 들으며, 눈으로는 그의 식물들을 구경하며, 꽃꽂이와 작곡이라는 행위에 대해 생각했다. 일상에서 우리는 무수히 많은 선택을 하며 살아간다. 산뜻한 아침 기분을 위해 커피 메뉴와 플레이리스트를 고르고, 편리함을 위해 물건들을 고르고, 미래의 어느 순간을 위해 해야 할 일을 선택한다.

그런데 그것이 아름다움을 위한 것이라면…. 그 기준은 아주 복잡할 수밖에 없다. 고유하게 지니는 취향, 감, 어린 시절에 보고 들은 것, 미래에 보고 듣고 싶은 것, 안정적인 구조, 합리성…. 끝도 없이 나열할 수도 있을 것이다. 문종인은 마치 촉수를 뻗듯, 생각과 감각과 신체를 가다듬으며 자신의 선택을 믿어보는 행위를 반복하고 있다.

좋은 곡이란 뭘까요? 오늘 들고 온 질문지에 가장 굵은 글씨로 적어 둔 문장이 바로 이것이었다. '꿈이 뭐예요?' '우리는 어디서 왔을까요' 같은 무상한 질문을 아무렇게나 막 던지려는 건 아니었다. 그는 '팀프 앙상블'이라는 전통 있는 현대음악 단체의 프로그래밍 디렉터로서 무대 위에 올릴 동시대 작품을 선곡하는 일을 한다. 자신의 악보에 담을 음과 표현을 고르는 작곡가이기도 하다. 동시에 누군가의 악보 안에서 가치 있는 것을 선별해내는 피아니스트다.

궁금할 수밖에 없었다. 당신의 기준은 무엇인가요? 문
종인은 이 질문이 공허하게 남지 않도록 아주 긴 시간에 걸
쳐 그 대답을 차곡차곡 채웠다.

프로그래밍 디렉터가 하는 일

문종인은 최근에 좋아한 곡이라며 제라르 페
송(Gérard Pesson)이라는 작곡가의 「네벤스텍(neben-
stück)」(1998)을 재생한다. 브람스의 피아노곡 발라드 Op.
10을 클라리넷과 현악 4중주 편성으로, 그 주법을 독특하
게 바꾸어 연주하는 곡이다.

"악기 현에 활을 조금 다른 방식으로 대면 이렇게 슥, 슥
하는 이상한 소리만 나고 울림이 전혀 없거든요. 원곡을 거
의 그대로 연주하긴 하는데, 소리 내는 방식을 바꾼 거예요.
실제로 공연장에서 들으면 되게 안 들려요. 들렸다가 안 들
렸다가 하는데, 작곡가가 의도한 거예요.
어렸을 때 듣던 음악이 머릿속에 문득 떠오를 때가 있잖
아요. '지워진 기억'을 콘셉트로 삼아 떠오를 듯 떠오르지 않
는 그 희미한 기억, 노스탤지어에 가까운 감각을 재현하는

거죠. 팀프 앙상블이 무대 위에서 연주했었어요. 생각보다 꽤 잘 됐어요."

「네벤스텍」은 누군가에게는 좋은 작품이고, 누군가에게는 별 감흥 없는 작품일 수도 있다. 작곡가의 의도에 따라 애틋한 감상이 이루어질 수도 있는가 하면, 새로운 현악기 주법이 듣는 즐거움을 자아낼 수도 있고, 반대로 그저 잘 들리지도 않는 이상한 곡일 수도 있는 것이다. 듣는 이의 경험과 상황에 따라 그 가치가 달라진다. 우리는 아마도 '좋은 곡이란 무엇인가?'라는 질문이 불가능해진 시대에 있다.

문종인은 "감각의 확장을 돕는 곡"을 찾아 들려주려 노력한다. 대중예술에 속하는 여러 장르의 음악이 '공감'의 영역에서 청자를 만난다면, 현대음악은 어떠한 감각의 극단으로 청자를 끌고 들어간다. 결코 경험해보지 못한 감정, 상상하지 못한 장면을 펼쳐 보인다. 새롭고 재미있는 무언가를 누군가는 좇을 필요가 있다고 그는 믿는다.

현대음악 단체의 프로그래밍 디렉터가 하는 일은 때로는 그리 예술적이지만은 않다. 팀프 앙상블은 2001년 창단 이후 한국의 대표적인 현대음악 전문 연주 단체로 인정받

아왔고, 문종인은 초대 예술감독 최우정의 역할을 이어받
아 2017년부터 김도윤과 함께 단체를 이끌고 있다.

서울대학교 음악대학 작곡과 교수이자 작곡가인 최우
정은 단체가 혁신성을 유지하며 나아갈 필요가 있다고 믿
으며 50대가 되면 누구든 자발적으로 단체를 떠나자고 제
안했고, 오래 머문 단원들은 명예 단원으로서 무대에 서긴
하지만 주요한 연주회는 젊은 연주자들에게 맡긴다. 나이
라는 숫자 자체가 단체의 가치를 규정하는 건 아니지만, 내
외부적으로 열정적인 기운이 도는 건 사실이다.

"최우정 선생님을 비롯해 여러 연주자 선생님들이 일구
어오신 것들이 있는데, 30대인 저희가 갑자기 등장해서 아이
디어를 과감하게 내고, 뭔가를 무리하게 시도하기가 조심스
러운 건 사실이었어요. 다만 기존의 틀을 벗어날 필요가 있
다는 생각은 했죠. 똑같은 장소에서, 똑같은 방식으로 현대
음악을 소개하기에는 한계가 있다는 게 도윤 피디와 제 공통
된 의견이었어요. 아주 작은 일부터 시작했어요. 스탠드라도
하나 갖다 놓아보고, 트레일러 영상을 직접 만들어서 전공생
이 아닌 관객들을 불러 모으려 노력하고요. 저변을 넓히기
위한 이런저런 방식을 계속 고민하고 있어요."

팀프 앙상블은 근현대에 작곡된 여러 나라의 음악을 선곡해 연주회를 연다. 한국 혹은 외국 작곡가에게 곡을 위촉해 연주하기도 하고, 고전 음악을 재해석하기도 한다. 재능 있는 음악가를 선별해 마스터클래스를 여는 '팀프 아카데미'는 단체의 대표 사업이다. 연속성을 가지고 미래 세대의 성장을 도모한다.

프로그램에 이름을 올리는 작곡가들은 대부분 대중에게는 낯설다.

"때때로 정치적인 문제가 되기도 하더라고요. 특정 학교 출신들만 선별한다든지, 특정 성별, 특정 연령대에만 기회를 준다든지 하는 문제가 제기되지 않도록 신경 쓰고 있어요. 악보 자체는 훌륭한데 연주 조건이나 상황에 맞지 않는다거나 하는 문제도 있고요. 당연히 예산도 고려해야 하고요.

늘 최선의 선택은 아니죠. 초기에는 스트레스가 컸는데 포기하는 법도 배워가는 것 같아요. 듣는 이가 오래 기억할 만한, 어떠한 인상을 남길 수 있는 공연 경험을 만들기 위해 최선을 다하는 걸 목표로 삼고 있어요."

결과 지향의 세상에서

길쭉한 형태인 그의 전체 공간 중 한가운데에는 그랜
드피아노와 책상을 나란히 배치하고 두꺼운 방음벽을 둘러
친 작은 공간이 있었다. 혼자 살아본 경험이 없고, 더구나
지금은 아이 물건에 둘러싸여 사는 나로서는 작업자의 로
망과도 같은 곳이라는 생각이 들었다. 고유한 취향들로 채
운, 집중하기 좋은 나만의 공간이라니! 다른 한편으로는 좀
고독할지도 모르겠다고 생각했다. 완벽한 고요의 상태에
스스로 밀어 넣은 채 홀로 책상과 피아노 앞을 오가며 무언
가를 치열하게 써내려가는 일이란.

문종인은 하는 일이 다양하다. 프로그래밍 디렉터로
단체를 이끄는 동시에 뮤지컬 음악감독 일을 하고, 학교에
서 학생들을 가르치기도 한다. 여러 단체로부터 편곡 의뢰
를 받는 '마감 인간'이기도 하다. 취향 공동체의 장 역할을
하거나, 직업 피아니스트로서 무대에 서는 일도 있다. 호기
심이 많고 모드 체인지가 쉬운 문종인 같은 사람이 요즘 시
대에는 인기가 많다. 불과 몇 년 전까지만 해도 그렇지 않
았다.

"뭐든 좀 잘 질려하는 타입이긴 해요. 일단 시작하면 최선을 다하지만, 프로젝트 하나 끝나면 다른 영역으로 넘어가서 또 새로운 마음으로 즐거움을 찾죠. 과거의 어느 시기에는 콤플렉스처럼 느낀 적도 있어요. 피아노 전공 출신들 사이에 가면 작곡하는 사람이라 소개되고, 뮤지컬 연습하러 가면 클래식 음악 하는 분이라며 인사하라고 하는 식이에요. 어디에도 속하지 못하는 느낌이 들었고, 정통하지 못하다는 열등감에 사로잡히기도 했어요. 중간중간 흔드는 사람이 주변에 꼭 있잖아요. 이도 저도 아니라는 비판이 이제는 이것도 저것도 가능한 사람이라는 평가로 조금씩 바뀌어가는 것 같아요."

어떤 한 가지를 열정적으로 좋아할 수도 있다. 그리고 몇몇 다양한 것들을 적당히 좋아할 수도 있다. 과거 어느 시기의 나는 한 가지에 몰입하지 못하는 나를 자책했다. 그러나 시간이 조금 흐르고 보니 서너 가지에 마음을 조금씩 나누어 쏟는 쪽이 안전하다는 생각이 든다. 이제 와 하는 합리화일지도 모르지만. 다른 대안이 없다는 건 때로 가혹한 상황을 만들기도 한다.

"20대부터 제 곡을 연주할 기회를 얻거나, 음악제에 초대받고, 뮤지컬 작품 올리고⋯. 성취의 순간들이 꽤 많았거든요. 그런데 그때마다 뭐랄까, 그렇게 기쁘지 않았어요. 물론 무척 감사하고 기분이 좋긴 했지만⋯. 그래서 아, 내가 좋아하는 게 이게 아닌가? 이것도 아닌가? 그럼 나는 좋아하는 게 없나? 의문이 계속 들었죠.

나중에야 깨달았어요. 아, 나는 결과 지향의 인간이 아니구나. 그냥 그 과정들을 좋아하는구나. 다 같이 모여서 연습하고 회의하고 준비하는 일 자체가 저는 즐거운 거 같아요. 여기서 혼자 곡 쓰고, 작업한 거 들고 나가서 여러 사람 만나 이것저것 만드는 일에서 안정감을 느껴요. 무사히 무대 잘 올린 날이면 '와, 이건 내 역작이다' 감탄하는 대신 '집에 가는 길에 장 봐서 들어가야겠다' 하는 식이죠."

새로이 얻은 질문

문종인이 학교에서 하는 강의는 '건반 화성'이라는 과목이다. 주어진 숫자가 딸린 저음 위에 즉흥적으로 화음을 보충하면서 반주 성부를 완성하도록 가르친다. 화성법이라는 정해진 규칙을 따르면서도 비화성적 요소를 어떻게 활용하느냐에 따라 연주하는 사람마다 다른 결과물을 낸다. 이 과목은 원칙을 배우는 것으로 시작해 원칙이 왜 원칙이 되었는지, 원칙이 아닌 것들은 어떻게 이해할 수 있는지 논의하는 것으로 그 과정이 이어진다.

"작곡가마다 어떤 화성 진행을 썼는지 살펴보도록 하고, 이 작곡가는 왜 이 부분에 이러한 화음 혹은 비화성음을 사용했을까, 비화성음의 위치를 여기가 아닌 저기로 바꾸면 어떻게 될까, 이런 걸 질문하는 게 제 일이에요.

음, 학생들이랑 공부하다 보면 특별한 느낌이나 감각이 발현되는 부분들이 발견돼요. 이건 왜 이럴까, 여긴 왜 유독 이렇게 슬플까, 이 부분에서 느껴지는 이 감정은 뭘까, 그렇다면 이런 표현에 이러이러한 서사를 부여하면 어떨까, 메모를 차곡차곡 쌓고 있어요. 학생들의 의견이 제게 배움이 되기도 하고요. 극적인 요소를 음악으로 표현하는 일에 제가 관심이 있다는 것도 한참 만에 깨달은 사실이에요."

초심자를 거쳐 프로페셔널의 영역에서 어느 정도 커리어를 쌓고 나면 '무엇을 할 것인가' 대신 '어떻게 할 것인가'라는 질문에 답을 내놓아야 하는 행복한 순간이 온다. 피아니스트가 될 것인가, 작곡가가 될 것인가 혹은 현대음악을 할 것인가, 뮤지컬을 할 것인가 같은 질문은 떠올리기만 해도 숨이 턱턱 막힌다.

'그래서, 당신은 어떠한 음악적 표현으로, 어떠한 생각을 표현하고 싶은가요?' 이런 질문이라면 고민의 과정이 훨씬 명료하고 즐거워진다. 이제 막 캔버스를 집어든 젊은 예술가라면 마음을 짓누르는 거대한 질문을 열심히 제쳐 자신만의 질문과 답을 찾아야 한다.

문종인은 서울대학교 음악대학에서 작곡을 공부한 후 독일 쾰른 국립음대로 건너가 현대음악 피아노 연주로 석사 학위를 받았다. 그에 따르면 외국에서는 작곡과 연주를 병행하는 사례가 적지 않은데, 한국에서는 드물다고 한다. 인터뷰를 준비하며 그가 피에르 로랑 에마르(Pierre-Laurent Aimard)의 제자였다는 사실을 알고 깜짝 놀랐다. 몇 년에 한 번 이루어지는 내한 연주회만 기다리는 팬인 나로서는 아쉬운 대답이었지만, 문종인이 에마르에게 가르침을 받은 기간은 그리 길지 않았다고 한다.

"사실 입학했을 때만 해도 그렇게 유명하신 분인지 몰랐어요. 1년 정도 배우고 선생님을 바꿨는데, 제가 준비가 제대로 안 되어 있었던 것 같아요. 작곡과치고 피아노를 잘 치는 애 정도였으니까, 피아노 전공생들이 하는 매일매일의 연습 루틴 같은 것도 없었어요. 에마르는 워낙 해외 연주를 많이 다니시는 분이라 정해진 레슨 시간이 없고, 불쑥불쑥 새벽에 '오늘 오겠니' 이렇게 이메일을 보내곤 했어. 매번 새 곡을 준비해 가니 선생님도 처음 보는 곡일 때가 많고…. 음악적 소통이 잘 이루어지지 않는 날이 더 많았던 것 같아요. 돌이켜보면 후회되는 부분이기도 한데, 그 연주 표현은 아니지 않나요 하면서 막 말대꾸도 하고 그랬어요."

그럼에도 에마르의 (무려 초견으로!) 실연을 바로 옆에서 지켜보며 소리가 만들어지는 방식을 눈으로 귀로 이해하는 귀한 경험을 했다고 그는 회고한다. 이후 요세프 안톤 셰러로부터 피아노 연주 훈련을 차근차근 받았다. 음악가로서 가져야 할 태도, 스스로 잘 알지 못했던 개성까지 꿰뚫어 조언해준 은사였다. 이후 몇몇 동료와 앙상블을 꾸려 실내악 과정도 밟았다. 서로 다른 국가로 흩어진 채 팬데믹을 맞아 과정을 다 이수하지는 못했지만 이 시기의 경험이 현재 팀프 앙상블 활동에 주요하게 도움을 주고 있다.

독일 여러 지역의 영화제, 영상제에서 수행한 음악 경

험들을 가지고 한국으로 돌아와 현재는 "프로페셔널의 태
도로" 주어진 일들을 목적에 맞게 성실하게 해내는 한편으
로 일상에서, 일터에서 불쑥 튀어 오르는 생각과 감정을 어
떠한 음악적 방식으로 풀어낼 수 있을까 고민한다.

　"예를 들면 눈이 펑펑 내리는 날 혼자 그 풍경을 가만히
보고 있으면 세상이 다 멈춘 것 같고, 극한의 침묵이 어색하
게 느껴지잖아요. 지금 내가 바라보고 있는 이 상황, 이 감각
을 음악으로 묘사할 수 있을까 궁금한 거죠. 음악은 시간 예
술이니 늘 맥락 위에 놓이지만, 그럼에도 찰나의 감각들을
최소한의 단위로, 장면처럼 전달하고 싶은 욕심이 있어요.
개인 작업으로 선보이고 싶기도 하고, 제 여러 음악 활동 안
에서 이 고민을 발전적으로 녹이고 싶다는 생각도 하고요."

　프로페셔널에게 새로 주어진 질문이 즐거운 이유는 그
답이 모호하고 복잡해도 상관없기 때문이다. 분명하게 만
들며, 혹은 희미한 채로 내버려두며 성장할 일만 남았다.

FINE

"이도 저도 아니라는 비판이
이제는 이것도 저것도
가능한 사람이라는 평가로
조금씩 바뀌어가는 것 같아요."

유
우
연

플루티스트
1991년생. 예원학교 졸업 후 서울예술고등학교 재학
중 미국으로 건너가 뉴잉글랜드 음악원에서 공부했다.
서울대학교 음악대학에서 박사 과정을 수료했다. 솔리스트로
활동하며 팀프 앙상블 단원으로도 무대에 선다.

감지하고 모방하고 창조하며,
자유롭게

유우연과의 대화는 내내 즐겁고 유쾌했다. 중간중간 이런 식의 대화가 오갔다. "2023년 예술의전당 여름음악축제 때, 스티브 라이히의 이중 육중주 연주하셨을 때요. 연주자 여섯 명 중 혼자 맨발로 등장하셔서 깜짝 놀랐어요. 작품 해석상 어떤 의미가 있던 건가요?"

"아뇨, 리허설 때 발목을 살짝 삐끗해서…. 그날 신으려고 했던 운동화가 불편하더라고요. 에어턴 패드라고, 아이패드로 악보 보면서 발로 넘기는 장치가 있는데, 불편한 신발 신고 연주하다 일 치르겠다 싶어서 그냥 벗고 한 거예요!"

혹은, "보통 클래식 연주자들은 프로필에 출신 학교, 스승에 관한 이력, 콩쿠르 참가 경력 같은 것만 줄줄이 쓰는데, 어렸을 때 했던 독립잡지 〈마일즈(miles)〉 창간 등 음악 외적인 활동 경험을 꼭 쓰시더라고요. 의도한 바가 있나요?"

"유명한 국제 콩쿠르에서 상 받은 적이 없으니까요. 하하. 연주자로서 내세울 만한 게 뭐가 있을까 생각하다, 특히 한국은 또 그런 걸 중요하게 생각하니 사람들이 궁금해할 만한 일들을 떠올리게 됐어요."

그리고 또, "유튜브 채널을 운영하는 건 클래식 음악의 대중화를 위함인가요?"

"이건 그냥 휴게소 같은 거예요. (클래식 팬들을 위한 휴게소요?) 아뇨, 그냥 제 음악 활동 사이 저만의 유희를 위한 휴게소요!"

수첩과 볼펜을 들고 앉아 의미를 부여하려 애쓰는 나와 자유로운 예술가 그 자체인 유우연과의 대화는 그 자리에서도 웃겼고, 집으로 돌아와 녹취록을 다시 들으면서도 웃음이 났다.

때로는 나도 유우연의 위치에 앉는다. 현시대를 살아가는 우리 모두 때때로 수첩과 볼펜을 든 세상으로부터 조금은 압박적인 질문을 받곤 하지 않나. 네가 하는 그 일, 어떤 의미가 있는 거야? 돈은 벌고 있는 거야? 남들에게 인정은 받을 만한 일이야? 미래를 위한 일이 맞긴 해?

늘 다정하게 묻는다면 좋을 텐데, 그렇지 않을 때도 있다. 괴로워하는 대신 유우연처럼 경쾌하게, 성심성의껏 아니라고 대답하는 것도 방법이겠다. 아니, 별 의미는 없어! 그냥 즐거운 방식으로, 내가 중요하다고 여기는 일을 하는 거야!

압구정동 점심시간의 소음을 뚫고, 방향을 예측할 수 없는 이야기를 긴 시간 나눴다. 내내 즐거운 대화 가운데 예술가가 취해야 할 태도, 장인 정신, 클래식 음악의 대중화 혹은 일상화의 의미, 음악가의 각오 같은 무게감 있는 주제가 스쳤다.

변화를 이루어가며

유우연이 전형적인 클래식 연주자의 모습이 아니라는 이유로 나는 그를 만나고 싶었다. '전형적'이라는 표현은 무언가 좀 턱턱 걸리는 단어이긴 하다. 전형적인 엄마, 전형적인 아저씨, 전형적인 기술자…. 어느 말 앞에 붙여도 너무 게으르고 무성의하고 또 무례하다. 요즘은 누구도 전형적이지 않다.

유우연은 오케스트라에 소속되어 있지 않다. 앙상블 블랭크라는 작은 현대음악 단체에서 활동하다 현재는 팀프 앙상블의 정단원으로 무대에 올라 동시대 작품들을 청중에게 소개한다. 동료 몇몇과 팀을 꾸려 대중적인 혹은 학구적인 기획 프로그램을 선보이기도 한다. 짧은 머리에 품이 넓은 옷과 굽이 낮은 신발 차림으로 무대에 오르는 일이 많다. 유튜브 채널을 운영하며 자신을 포함한 동료 음악가들의 무대 밖 친근한 모습을 소개한다.

〈오늘의 작곡가, 오늘의 작품〉이라는 음악 비평지는 유우연을 이렇게 설명한다.

여기서 핵심은 유우연 플루티스트가 엘리트화된, 고급 문화로 상징된, 문화자본으로 점철된 한국의 클래식 음악계에 질문을 던졌다는 점이다. 그는 한국에서 예술중고등학교 교육을 받던 중 미국의 예술고등학교 과정부터 유학길에 오르게 되었는데, 미국 사회에서 클래식 음악이 상당히 대중과 밀착되어 있고 엘리트 의식이 별로 없는 미국 클래식 음악가들의 모습에 놀랐다고 토로하며, 자신도 모르는 사이에 한국의 음악 교육을 받아 엘리트 의식에 젖어 있던 건 아닌지 반성하게 되었다고 말했다. (중략)

그는 유학하던 미국의 동네 잡지를 친구와 함께 만들어보
고, 한국에 돌아와 갤러리에서 클래식 음악 공연과 술, 대화
가 함께 어우러지는 연말 파티를 기획해보기도 하였으며, 이
제는 전주의 아원고택이란 장소에서 연주자들 간에 수평적
인 관계를 지향하는 새로운 방식의 실내악 페스티벌을 기획
하는 꿈을 꾸고 있다.•

"이런 표현이 좀 그렇긴 하지만, 클래식 음악가 중에도
재수 없는 사람들이 있긴 하죠. 하하. 스스로 특별한 대우를
받아야 한다고 여기는 문화가 있긴 있는 것 같아요. 음악가
들이 하는 일은, 시대를 읽고 그것을 음악이라는 언어로 풀
어내고 들려주는 일이라고 생각하거든요. 그러려면 서비스
정신이 필요해요. 듣는 이들을 '위하는' 태도가 필요한데, 그
게 없다면 그건 예술가로서 죽은 것과 다름없다고 봐요."

그는 클래식 음악의 대중화라는 상투적인 문구 아래
비슷한 기획을 반복하기보다 클래식 음악의 '일상화'를 위

• 성연주, '음악가와 사회의 조우: 음악가의 N개의 얼굴을
소개하며', 〈오늘의 작곡가, 오늘의 작품〉 18호, 2020,
28-29쪽.

해 노력해야 하지 않겠느냐는 말도 했다.

"엘리트주의라는 것에 대해서도 최근에 다시 생각해보고 있는데요. 클래식 음악의 기원으로 거슬러 올라가보면 일부 엘리트에 의한, 엘리트를 위한 예술이 아니었거든요. 물론 아주 오래전에는 신 혹은 왕과 귀족을 위한 음악이 존재하긴 했지만, 그들만을 위한 음악은 점차 사라졌어요.

어디서부터 변질되었는지 잘 모르겠어요. 순수예술을 보존하려는 욕구에서 학교라는 교육 기관을 세운 것인데 지금은 특권층만 그 안에 모일 수 있는 것처럼 여겨지잖아요. 그근원을 다시 생각해볼 시기인 것 같아요. 무엇보다 클래식음악이 일상에 스며들 수 있게, 더 많은 음악 경험이 생활 곳곳에서 자연스럽게 이루어지게 하는 일이 더 중요해요."

유우연은 이러한 생각들을 바탕으로 즐거운 음악적 장면들을 구상한다. 그러는 사이 크고 작은 변화가 일어난다. 음악가들이 새로운 음악적 순간들로 멀리멀리 나아가는 동안, 나 같은 관객은 그것을 귀로 듣고 눈으로 보며 일상에 정신적 보탬을 얻는다. 수첩과 볼펜을 든 이들도 전과는 다른 말들을 받아 적기 시작한다.

해야만 하는 일, 음악 안에서

유우연은 서울예고 1학년 때 미국의 한 예술고등학교
로 진학하며 유학길에 올랐다. 이후 뉴잉글랜드 음악원에
서 폴라 로비슨(Paula Robison)을 사사했다. 그에 따르면 미
국의 음악 교육은 주로 오케스트라 플레이어, 솔리스트로
구분해 이루어지며, 직업의 안정성을 위해 오케스트라 연
주자 과정을 선택하는 경우가 더 많다고 한다. 그러나 유우
연은 "열아홉 살의 패기로" 솔리스트의 길을 걷기 시작했
다. 그렇게 11년을 미국에 머물렀다.

"한국의 예술중고등학교에는 음악 하는 친구들만 모여
있다면, 제가 다닌 미국의 기숙학교는 다양한 분야를 전공하
는 친구들이 다 같이 생활했어요. 미술 공부하는 친구, 시 쓰
는 애, 시나리오 쓰는 애, 모두 함께 공부하던 그 시기에 제
사고가 확 열린 것 같아요.

대학에 진학하고서는 동양인도 많고 한국인도 많았고….
이한나, 장유진, 김다미, 양인모, 문태국 같은 분들이 그때 거
기 있었거든요. 연습실 건물 방방마다 학생들이 한 명씩 들어
가서 상상을 초월할 정도로 연습을 많이 하는 장면을 매일매

일 봤어요. 절망하면서요. 말만으로는 음악을 수없이 그만두
었죠."

미국에서, 그리고 방학 기간에 한국에 들어와서 유우
연은 음악이 아닌 다른 분야에서 아르바이트 같은 여러 경
험을 했다. 영화제나 드라마 촬영지 같은 곳에서 세트 만드
는 일을 돕는 식이었다. 배우가 되겠다고 마음먹은 적도 있
다고 했다. 손에 잡히지 않는 추상예술을 다루는 젊은 음악
학도들은 실체가 있는 걸 꿈꾸곤 한다. 그사이 "도살장 끌
려가듯" 콩쿠르에도 세 번 도전했지만 입상하지는 못했다.
실패의 경험은 발전하고 성장하게 하며, 무엇보다 '확신'으
로 가는 동력을 만든다.

"호기심도 많고 무언가를 탐구하려는 욕구가 있는 편이
에요. 뭔가 새로운 것을 갈구하며 방황하던 시기가 있었고,
막막하기도 했는데… 지금은 음악 안에서 제가 할 수 있는
모든 걸 하고 있는 느낌이에요. 그 끝은 결국 비슷하더라고
요. 저는 제 안에 여러 생각과 감각을 밖으로 표현해야 하는
사람이고, 그걸 제가 가장 잘하는 음악으로 하기로 마음먹은
거죠."

유우연이 뉴잉글랜드 음악원에서 폴라 로비슨 교수를
만난 건 큰 행운이다. 마음이 불안정한 시기를 좋은 스승과
함께 보낸다는 건 완전히 다른 미래로 향하는 가능성을 만
든다. 모두에게 좋은 선생도 있지만, '나에게' 좋은 선생이
따로 있다는 점에서 그야말로 운명적이다.

"구체적인 연주 기술도 배웠지만 라이프 레슨이라고 할
까요. 제가 예술가로 살아가는 데 가장 중요한 코어를 폴라
로부터 배웠어요. 선생님 댁에서 파티할 때면 악기 가지고
나가서 나무에 연주해주자, 새에게 말을 걸어보자, 이런 말
씀을 하신 적도 있어요. 누가 들으면 미쳤다고 하겠지만 만
물의 조화를 음악가들이 표현할 수 있다고 믿으시는 것 같았
어요.

선생님이 2010년에 보내주신 이메일을 아직도 저장해두
고 한 번씩 읽어보곤 하는데요. 네가 가진 재능, 타고난 소질
을 잃지 말라고, 네 안에 분명 빛나는 무언가가 있으니 어떤
일을 하든, 음악을 하지 않더라도 그걸 믿으라고 그렇게 말
씀해주셨어요. 선생님이 해주신 그 한 마디 한 마디가 지금
껏 용기와 열정을 불러일으켜요."

유우연은 현실 세계에 단단하게 두 발을 붙이고 서서 그 모든 풍경과 움직임을 감지하고, 모방하고, 또 창조한다. 자유롭게.

'오늘'의 노래

플루트라는 악기가 지닌 동시대성으로 대화 주제가 옮겨 갔다. 오케스트라 악기 중 플루트만이 취구와 입 사이에 약간의 간격이 존재한다. 오보에도, 클라리넷도, 바순도, 호른이나 트럼펫도 전부 리드나 마우스피스에 입술을 밀착시켜 숨을 불어넣으며 연주한다. 플루트는 입을 살짝 뗀 채 입 모양과 숨의 세기를 세밀하게 조절하며 음악을 만든다.

플루트가 악기 제작자들에 의해, 동시대 작곡가들에 의해 현재진행형으로 개량되고 발전되고 있는 이유가 여기에 있는 것 아니겠냐고 유우연은 설명했다. 나무 소재였던 플루트는 19세기 이후 다채로운 표현을 위해 키를 단 금속 재질로 바뀌어 대중화되었다.

"성악처럼 숨을 사용하는 데 있어 여러 방법을 취할 수 있으니 좀 더 다양한 음악적 표정을 가진다고 말할 수 있겠네

요. 그래서 작곡가들도 계속 영감을 얻어 새롭게 시도하는
것 같고요."

　바로크 시대에 주로 작은 새의 경쾌한 노랫소리처럼
묘사되던 플루트는 근현대 작품 속에서 침을 뱉듯 투-투
하는 비트박스에 가까운 거친 이야기가 되거나, 휘익-휘익
하며 무언가 빠르게 스쳐 지나가는 스산한 장면이 되기도
한다. '싱 앤드 플레이(Sing and Play)'라고 표기된 곳에서 연
주자는 육성과 플루트 소리를 겹쳐 내며 낯선 인상을 자아
내기도 한다.

　유우연은 플루트가 들려주는 주요한 '오늘'의 노래로
두 곡을 꼽았다. "플루트와 전자음향으로 흘러나오는 여성
의 목소리가 서로 논쟁하듯 음악이 되어 흐르는", 부딪힘
과 조화가 엇갈리면서 신비로운 감흥을 자아내는 조들로
프스키(Pierre Jodlowski)라는 작곡가의 「Dialog/No
Dialog pour Flûte et Électronique」 그리고 진은숙의
「구갈론(Gougalōn) ─거리극의 장면들」.

　진은숙의 곡 제목 '구갈론'이란 '우스꽝스러운 몸짓을
하다', '그럴듯한 수법으로 속이다'라는 뜻이다. 중국의 몇
몇 도시를 방문한 진은숙 작곡가가 낡고 좁은 길가의 풍경

들로부터 1960년대 급격하게 근대화가 시작된 서울의 분위기를 떠올리며 작곡한 곡이다. 1961년생인 작곡가의 실제 기억과 음악적 상상이 뒤섞여 가상의 민속음악이 탄생했다. 시끄럽고 자극적이면서도 창조적이고 지성적인, 매우 신비로운 곡이다. 타악기 연주자들이 바삐 오가며 발생시키는 다채로운 소리의 질감이 특히 매력적이다. 플루티스트는 피콜로, 알토 플루트 외 몇몇 악기를 번갈아 연주하며 현실과 환상을 오간다.

"2023년 프랑스 프레장스 페스티벌에서 이 작품을 연주했는데 리허설에 오신 진은숙 선생님이 그러시더라고요. 연주를 잘한다고 착각하고 있는 아마추어처럼 연주하면 좋겠다고. 그 한마디 설명으로 열몇 명의 연주자가 작곡가가 상정한 목적지에 도달했어요. 놀라운 경험이었어요. 큰 배움이죠."

유우연의 연주는 일종의 시대 기록이다. 플루트를 쥔채 기획자의 삶을 산다. 그는 다른 누군가가 아닌 스스로 마음에 들기를 바라며 연주를 준비한다. 가장 예민하고 깐깐한, 자기 자신이라는 관객을 의식하며 무대에 오르는 일.

눈과 귀와 정보와 거짓이 난무한 현시대를 예술가로 사는
유일한 방법일지도 모른다.

　　"장인 정신이요. 저는 장인 정신이 음악 하는 유일한 길
　　인 것 같아요."

　유우연이 해외에서 사용한 영어 이름은 '밀크 유(Milk
Yoo)'다. 어린 시절 친구들이 '유우연'을 '우유연'으로 바꾸
어 부르곤 했다는 거창하지 않은 이유에서 '우연 밀크 유'가
됐다. '밀크'라는 이름을 쉽게 잊기는 어렵다. 그가 오래오
래 자기만의 방식으로 잊기 힘든 음악을 들려주면 좋겠다.
　유우연뿐 아니라 많은 젊은, 자유로운 음악가들이 자
기 자신이라는 예민하고 깐깐한 관객을 두려워하며 음악을
해나가면 좋겠다. 미래의 어느 날, 글자로 기록되지 못한
무언가가 그들의 음악 안에서 발견될 수 있도록.

FINE

"그 끝은 결국 비슷하더라고요.
저는 제 안에 여러 생각과 감각을
밖으로 표현해야 하는 사람이고,
그걸 제가 가장 잘하는
음악으로 하기로 마음먹은 거죠."

음악비평가

1991년생. 음악학을 공부했고, 2013년 객석예술평론상, 화음평론상을 받았다. 『음악의 사물들: 악보, 자동 악기, 음반』(2019)을 썼고, 『비정량 프렐류드』, 『판타지아』 외 책을 공저했다. 현재 기획자, 드라마투르그, 편집자 등 여러 역할로 활동한다.

음악이 떠나간 자리에 남아

"음악이 나에게 와서 늘 주기만 하고 가는 건 아닌 것 같아요. 와, 이건 정말 고약하다 싶을 만큼 위력을 발휘하고 사라지는 음악도 있고… 뭔가를 빼앗아가는 것 같을 때도 많아요."

눈이 소리 없이 내리는 날, 신예슬의 작업 공간에 마주 앉아 우리는 음악에 내재한 필연적인 상실과 슬픔에 대해 이야기했다. 불빛이 어두운 채로, 메시앙의 「시간의 종말을 위한 사중주」의 다섯 번째 곡을 들으며.

음악은 발생하는 동시에 사라지는 시간예술이다. 붙잡고 싶어도 붙잡을 수가 없다. 별수 없는 공허.

"지나가버린 음악을 과거형 문장으로 기록하며 슬퍼하던 시기가 있었어요. 하나의 음악 경험을 확실히 나의 시간으로 끌어올 수 있게 된 이후로는 좀 나아졌고요. 듣는 행위에는 확실히 슬픔의 정서가 깔려 있죠."

우리는 이 공간을 채우는 연주에 대해, 그러니까 이 앨범을 녹음한 피에르 로랑 에마르와 낯선 이름의 연주자들에 대해. 이 곡을 두고두고 떠올리게 만든 과거의 경험들, 그러니까 신예슬에게 각인된 첼리스트 이상 엔더스의 찰현과 내가 기억하는 클라리네티스트 채재일이 노래하는 법에 대해 이야기를 나눴다.

"메시앙이 쓰는 풍요로운 화음들도 좋고, 또 이렇게 긴 호흡으로 노래할 수 있는 것도 좋아요"라고 말하는 신예슬에게 "메시앙이 음을 되게 사치스럽게 쓰는데 그게 신의 영원성을 말하기 위함이라는 게 아이러니하다고, 제가 한 말은 아니고 어디선가 읽었어요", 출처가 흐릿한 문장을 전해주니 신예슬은 황병기 선생 생전에 했던 인터뷰의 기억을 들려준다.

"황병기 선생님이 스승인 김죽파에게 홍타령을 배우며 홍타령은 어떤 음악인가요, 물은 적이 있대요. 그랬더니 홍타령은 너무 슬픈 음악이라고, 바위에 머리를 짓이겨서 죽고 싶을 정도로 슬프다고 했대요. 그리고 황병기 선생님은 그 홍타령처럼, 늘 아름다우면서도 슬픈 음악을 쓰고 싶다고 하셨어요."

여기까지 얘기했을 때 8분 길이의 짧은 곡이 끝나버렸
다. 신예슬은 "이것 봐, 또 다 빼앗아갔네" 하며 웃는다.

좋은 음악은 기쁘고, 슬프다. 좋은 음악을 듣고 가뿐하
거나 상쾌하다거나, 그랬던 적이 있던가. 없다. 우리는 음
악이 떠나간 자리에 남아 그 음악이 어지르고 간 것들에 대
해 쓴다. 음악이 바꿔버린 마음에 대해. 이제는 사라진 그
것들을. 상실과 슬픔을 느끼며. 어찌할 도리가 없음을 인정
한 채.

음악비평가의 일

해럴드 손버그(Harold C. Schonberg. 1915-2003)라는 인
물이 있다. 1960-80년대 〈뉴욕타임스〉의 수석 음악평론가
를 지냈고 1971년에는 음악평론가로는 처음으로 퓰리처상
을 수상하기도 했다. 주요한 공연마다 날카롭게 비평하며
영향력을 끼친 인물. 그가 부정적인 평을 반복한 탓에 지휘
자 레너드 번스타인이 뉴욕 필하모닉에서 물러난 일도 있
다. 오늘날, 상징적 의미의 손버그는 없다. 그 같은 절대적
인 영향력을 지닌 인물도 없고, 당연히 그를 향하던 사람들
의 관심도 없다.

음악 유튜버 '우키팝'은 음악 비평이 권위와 인기를 잃은 이유에 대해 크게 세 가지로 정리한다. 동영상 시대가 도래하며 텍스트 콘텐츠의 수요가 줄어들었다는 점, 스트리밍 감상이 가능해지며 그전까지 어떤 음악을 구매할지 결정하는 데 도움을 주었던 비평가의 역할이 사라졌다는 점, 마지막으로 '비평가들이 팝스타들의 치어리더가 됐다'고 말할 만큼 비평 특유의 날카로움이 사라져 읽는 재미마저 사라졌다는 점. 대중음악 신에 대한 분석이지만 클래식 음악 분야도 다르지 않다.

오늘날의 음악이란 과거와 달리 더 많은 맥락과 상황 속에 놓인다. 과거에는 존재했을지 모를 이상적인 음악이라는 합의된 본보기가 없다. 음악 예술을 두고 우와 열을 가를 수 있다는 생각 자체를 젊은 세대는 의심한다.

"클래식 연주평에서 가장 많이 언급되는 요소로 음색 그리고 해석이 있죠. 해석이 독특하냐 혹은 고전적이냐 하는 보이지 않는 척도 같은 게 있는데, 시대적으로 맞나 하는 의문이 들어요. 저에게는 애초에 그런 기준이 없어서요. 스포츠 경기를 보며 기술 점수, 예술 점수를 매기듯 글로 기록하는 일은 이제는 별 의미가 없는 것 같아요.

　　예컨대 피아니스트 임윤찬의 공연평을 쓴다면 저는 좀 다
른 관점으로 뭔가를 써보고 싶어요. 실황으로 베토벤 피아
노 협주곡 5번 「황제」 연주를 보는데 모든 음을 0.5초 앞서서
정확히 머릿속에서 먼저 듣고 그다음에 치는 것 같더라고요.
머릿속으로 그리는 상이 무척 빠르고 그걸 구현하는 순발력
도 대단하다는 인상을 받았어요. 임윤찬이 두 개의 다른 시
제를 운용하는 방식에 대해 쓰면 재밌겠다 싶어요. 그는 상
상 속에서 무엇을 먼저 들었는가, 이런 제목의 글을 써볼 수
있다면 좋겠어요."

　　그러니까 신예슬은, 그리고 나는 각자 다른 방식으로
아직 정립되지 않은 방법론을 찾고 있다.

　　음악 바깥의 이야기라면 어렵지 않게 말할 수 있다. 그
음악가가 선택한 레퍼토리, 그 곡들이 쓰인 시대적 배경 혹
은 기획사의 전략이나 음악과 동떨어진 어떤 정치적 행보
같은 것들이란 쉽게 회자된다.

　　그러나 음악 작업 안에서 이루어지는 집요한 무언가를
풀이할 언어와 관점은 부족하다. "음악 하는 사람들 특유의
판타지, 음악가의 상상 안에서만 발견할 수 있는 대단한 무
언가가 있다"는 신예슬의 말은 분명하나, 그것이 시대에 맞

는 어떠한 방식으로 기록될 수 있을지에 대한 완결된 답은 아직 없다.

나와 인터뷰하기 며칠 전 신예슬은 피아니스트 지유경의 독주회 프로그램 노트를 써달라는 요청을 받았다. 쇼팽 발라드 2번으로 시작해 스크랴빈의 소나타 세 곡과 「불꽃을 향하여(Vers la flamme)」, 슈만의 소나타 3번으로 끝나는 레퍼토리 목록을 받아 들고 "보이지 않는 별자리를 그리는 심정"이었다고 한다.

"시대적으로도 일정한 흐름이 아니고…. 이 음악가가 말하고 싶은 무언가가 있는 것 같은데 처음에는 뾰족하게 알기가 어려웠어요. 그런데 리서치하다 보니 쇼팽과 슈만의 관계성, 스크랴빈이 사랑한 쇼팽의 어떤 표현들 같은 느슨한 연결고리들이 발견되더라고요. 연주자들 머릿속에서 이루어지는 어떤 이상한 일들이 있을 텐데 그게 참 언어화되지 않고 있구나, 다시 한 번 느꼈어요."

지유경의 연주회장에서 받아 든 프로그램에는 이렇게 적혀 있었다.

작곡가들의 일이 직접 고유한 세계를 만드는 일이라면, 연주가들의 일은 무엇이라고 말할 수 있을까. 아마도 그 세계를 오가며, 넓게 보고 들을 수 있는 사람만이 해낼 수 있는 어떤 이야기를 만드는 것이지 않을까.

그리고 비평가의 일이란 형용하기 어려운 감각들을 꿰어 그나마 가까운 언어를 부여하는 일일 테다. 무의미해졌다고 하기엔 비평의 역할은 여전히 꽤 중요하다.

관심사 가르기 그리고 이어 붙이기

신예슬은 2019년 『음악의 사물들: 악보, 자동 악기, 음반』(작업실유령)이라는 책을 썼다. 09학번으로 음악학과에 입학한 후 비주류라 불리는 갈래들을 탐험하고 스스로 개척하기도 하며 체득한 것들을 하나의 대주제로 봉합한 결과물이다.

그의 석사학위 논문 제목은 〈혼톨로지 음악 경향의 매체적 특성과 그 미학〉이다. 혼톨로지(hauntology)란 2000년대 영국에서 유행한 한 음악 사조다. 20세기 아날로그 음반을 샘플링하고 디지털로 편집해 아날로그-디지털 속성이

혼재한 독특한 노이즈를 수반한다. 신예슬은 이 낯선 음악 경향으로부터 궁극적으로 음악 매체가 미학적 가치를 지닌 고유한 예술 형식이 될 수 있음을 주장한다.

그보다 몇 년 앞선 대학 시절에는 '닻올림'이라는 제목으로 즉흥/실험음악을 선보이는 작은 공간에 드나들었다고 한다.

"재미가 없는 날이 훨씬 많았어요."

간신히 떠올린 기억이지만 나 또한 닻올림 공연을 보러 간 적이 딱 한 번 있다. 그날의 감상이란 꽤 불편하고, 한 번의 경험으로 충분하다는 느낌이었다. 감상을 위한 음악, 즉 예술적인 표현이나 맥락 같은 걸 기대한다면 나처럼 집에 가고 싶다는 생각만으로 그 공연을 견딜 수밖에 없다.

그러나 그 시공간이 발생시키는 소리 자체에 호기심이 인다면, 음악이 즉흥적으로 만들어지고 있다는 생생한 감각, '음악'과 '소리'의 경계를 허무는 요소들이 주는 낯섦과 즐거움으로 그 시간을 즐길 수 있다. 신예슬은 "사람들이 '나쁜 소리'라 부르는 것들을 주재료로 삼는 음악"에 울타리를 친 채 자신이 궁금한 것들을 찾아나가는 방식으로 커리어를 쌓았다.

신예슬이 동료들과 함께 만들어 활동한 비평 단체 헤

테로포니 이야기는 그가 얼마나 주체적인 방식으로 스스로
일을 도모하는지 알 수 있는 예다.

> "졸업 논문을 쓸 때쯤 곰곰이 생각해보니 저에게는 지면
> 도 없고 동료도 없더라고요. 학교 안에만 오래 있으니 잡지
> 사로부터 청탁을 받아도 글 톤이 영 맞지 않고, 관객으로서
> 의 경험 외에 현장 경험도 거의 없고요.
>
> 오늘날의 음악에 대해, 그 음악을 만드는 사람들에 대
> 해 어수선하고 복잡한 방식으로 논의하고 싶어서 동료 셋
> 을 모아 넷이서 팀을 만들었어요. 대학 때부터 헤테로포니
> (heterophony)라는 개념이 멋있어서 이 이름으로 뭘 하나 만
> 들고 싶다는 생각을 오래전부터 했었거든요. 한 명 한 명 초
> 대한 나의 동료, 나의 공동체라는 자부심 같은 게 있어요."

늘 헤테로포니 동인이라 자신을 소개하는 그는 언제나
뭔가 재미있는 걸 궁리하고 있는 듯 보인다. 편집위원으로
참여하는 〈오늘의 작곡가 오늘의 작품〉을 통해 동시대 음
악에 관한 흥미로운 관점들을 제시한다. 그 외 음악 콘텐츠
가 필요한 곳에서 기획자로, 해설자로, 편집자로 다양한 역
할을 한다.

　요즘의 그는 "악기도감의 부록 같은 것"을 만드는 일에 몰두하고 있다. 서울에서 새로운 악기를 만드는 창작자들이 있고, 신예슬은 그들의 이야기, 그들이 만드는 악기와 그에 대한 해제를 쓰려고 한다. 악기를 만든다니, 소리가 넘쳐나는 시대에.

　　"소리 자체가 중요한 건 아닌 것 같아요. 생산 구조가 중요하죠. 멀쩡한 피아노를 굳이 부수고 해체해서 다시 재조립하는 음악가가 있는데, 스스로 생각하는 피아노의 음향적, 사회적 가치를 전복하고 싶어 했어요. 피아노 다리 장식을 떼어 제의적 역할을 부여하는 식으로요. 또 다른 타악기 연주자는 무당들이 기도를 바치는 신목을 찾아 산속을 헤매고 다니면서 그 나무에서 오는 아우라나 형상으로부터 소리를 창조해요. 사회적이기도 하고 정치적이기도 한 이 행위들이 재밌어요. 기록할 가치가 있죠."

　신예슬과 나는 공동의 기획을 하고 있기도 하다. 신예슬이 공감해준 나의 프로젝트는 일종의 열린 플랫폼을 만드는 일이다. 이 플랫폼은 음악을 감상한 개개인의 감상 경험 기록 보관소로 기능한다. 작품 혹은 공연이라는 단위가 아닌 경험과 사건이라는 감상 행위에 주목하고, 이를 새로이 언어화하는 일을 도모한다.

구체적인 상을 그려본다면 이용자들이 이 플랫폼에 자신의 음악 감상기를 올리면 주요 단어마다 데이터가 축적된다. 예컨대 '나는 벚꽃이 흩날리는 어느 오후, 혼자 차 안에서 사카모토 류이치가 세상을 떠났다는 소식을 접하고 그의 곡 「아쿠아(Aqua)」를 들었다'라고 이 플랫폼에 쓴다면 '벚꽃'과 '차 안', '사카모토'와 '죽음', '아쿠아'라는 키워드로 몰입의 경험들이 축적된다.

글이 길다면 더 많은 주제어와 데이터가 모일 것이다. '청소할 때 들으면 좋은 음악', '바쁜 아침을 깨우는 음악' 같은 플레이리스트 단위의 소비시장에서 조금 더 미학적이고 구체적인 기록을 수행해보는 실험이다. 나는 이를 '감상언어연구소' 프로젝트라 부르기로 했다.

복잡해진 소리 세계, 우리는 여러 갈래로 갈라진 수많은 이야기를 길어 올릴 더 복잡한 방식을 상상한다.

"창작하는 일에는 아무 관심이 없어요. 예전에도, 지금도요. 이론 전공을 택한 것이 일생일대 최고의 선택이에요."

신예슬의 이 말을 들으며 창작에 관심도 많고 미련도 많은 나와는 완전히 다른 사람이라는 생각이 들었다. 음악 예술이라는 피라미드가 있다면 나는 여전히 음악을 짓고 부르고 연주하는 이가 가장 높은 곳에 자리하고 있다고 믿는다. 다른 한편으로 마음속 더 깊숙한 곳을 까뒤집어 고백하자면, 예술가가 되지 못함을 한탄하는 일을 낭만처럼 여기고 있는 듯도 하다. 피라미드 저 아래 어딘가에 자리 잡고 앉아 올려다보며 '아, 예술이여' 하고 노래하는 그런 모습이랄까.

내가 보는 신예슬은 이런 나와 달리 현실적이고 논리적이고 또 시원스럽다. 탄식할 시간에 아직 아무도 관심을 두지 않은 귀한 소리를 발굴하는 일에 몰두할 것만 같다. 아마 그것이 그의 낭만일 것이다.

좋아하는 책에 관해 이야기를 나누다가 '존 케이지의 『사일런스』가 제 '인생 책'이에요. 두서없이 음처럼 흩뿌려져 있는 문장과 생각들이 너무 좋아요'라고 말하니 신예슬은 웃으며 답한다. "저는 이론서가 좋아요. 니콜라스 쿡이 쓴 『음악에 관한 몇 가지 생각』, 크리스토퍼 스몰의 『뮤지킹 음악하기』 그리고 알렉스 로스의 『나머지는 소음이다』를 꼽을게요. 그런데 엄청 좋진 않고요, 적당히 좋아요."

엄청 좋진 않다니. 대책 없는 마음 같은 건 경계하는 걸까. '당신에게 글쓰기란 무엇인가요?' 하는 물음에는 "음악을 향유하는 방식. 나의 무기이자 유일한 도구"라는 대답이 돌아온다. 과연 몽상가의 질문, 분석가의 대답이다. 어쩌다 보니 신예슬을 향한 긴 고백처럼 쓰고 있다.

얼마 후 우리는 '한국 음악 비평 100년에 담긴 시대의 말'이라는 제목의 세미나에서 다시 만났다. 음악학자 이희경의 강연으로 20세기 한국 음악 분야에서 비평적 글쓰기의 역사를 살펴볼 수 있었다. 그리고 건네받은 자료의 마지막 장을 넘기며 음악 비평이라는 일의 책무를 스스로 재정의할 필요가 있음을 절감했다. 음악 작품을 나의 글쓰기를 위한 수단으로 삼고 있는 것이 아닌지, 음악 작품들과 진정으로 소통하지 못하고 그것들을 그저 나의 좁고 얕은 논리 안으로 환원시키고만 있는 게 아닌지. 질문들이 머릿속에 날카롭게 꽂혔다.

음악 예술은 비평 작업으로 확장되고 정의된다. 비평가들은 음악 예술을 통해 자란다. 내 몸을 통과한 예술이 신예슬의 몸을 통과하고, 또 다른 글 쓰는 이들의 몸을 통과하면 음악 예술에 유의미한 언어들이 더 많이 길어 올려질 것이다. 함께 음악을 듣는다는 건 이토록 풍요로운 일이

다. 신예슬과, 또 다른 이들과 함께 음악이 떠나간 자리에
오래 머물며 더 많은 이야기를 하고 싶다.

FINE

"음악 예술을 두고
우와 열을 가를 수 있다는
생각 자체를 젊은 세대는
의심한다."

"스포츠 경기를 보며
기술 점수, 예술 점수를 매기듯
글로 기록하는 일은 이제는
별 의미가 없는 것 같아요."

이
세
호

피아노 테크니션
1977년생. 피아노 제작학교 오스카 발커 슐레(Oscar Walcker
Schule)를 졸업했다. 독일 정부가 인정하는 마이스터로
스타인웨이 프랑크푸르트 지사에서 근무했고, 현재 한국
마이스터클랑 대표로 일하며 학교에서 학생들을 가르친다.

1밀리미터만큼의
절망과 도전

만약 손흥민 같은 축구 선수에게 공 잘 차는 법에 대한 설명을 듣는다고 상상해보자. 공차기라고는 아주 어렸을 때 학교 운동장에서 몇 번 해본 게 다인, 온 국민이 들썩일 만한 큰 축구 경기 빼고는 별 관심도 없는 나 같은 초짜가 말이다.

공의 조금 아래쪽을 차면 어느 방향으로 날아갈 것이고, 세게 차는 것과 약하게 차는 것의 차이는 이러저러하고, 수비수의 움직임을 파악해서 이렇게 저렇게 대비하면 되고….

아마 한쪽 귀로 듣고 '아, 그렇구나' 하며 끄덕이는 순간 다른 한쪽 귀로 빠져나가는 경험을 하게 될 것이다. 전체 둘레 70센티미터 정도 되는 축구공을 10분의 1로, 100분의 1로, 1000분의 1로 쪼개어 생각하고, 고민하고, 움직였을 손흥민의 하루를, 1년을, 10년을 나 같은 문외한이 이해할 수 있을 리 없다.

누구에게나 70센티미터의 축구공이, 1밀리미터만치의 시도와 좌절이 존재한다. 나의 경우 이 문장에 이 단어를 쓸까, 저 단어를 쓸까 고민한다. 쉼표를 쓸까 말까, 며칠을 생각하기도 한다. 드라마 음악감독으로 일하는 나의 남편은 이 화면에 이 음악을 1초 먼저 붙일까, 1초 뒤에 붙일까 하루 종일 고민한다. 그 1초에 등장인물의 감정선이 달라진다고 믿는다.

뭘 그렇게까지, 그게 뭐 그렇게 중요하다고, 그렇게 묻는다면 딱히 대꾸할 말은 없다. 그 1초, 그 단어 한 개의 선택에 어떠한 가치가 있다고 여기기 때문이고, 그 선택과 선택과 선택이 모여 멋진 슛이, 멋진 경기가 이루어진다고 믿기 때문이다.

각각 어떠한 축구공을 손에 쥘지는 개개인이 믿는 가치에 따라 달라진다. 나는 축구공의 아래쪽을 차는 일과 그보다 조금 위를 차는 일의 다름의 중요성을 모른다. 그래도 '모른다'와 '알지 못한다'라는 표현이 지니는 뉘앙스의 차이는 안다. 조금 더 알고 싶고, 가꾸고 싶은 욕망에 따라 서로 다른 70센티미터의 우주가 선택되고 일구어진다.

이세호의 우주는 피아노 안에 있다. 이세호는 피아노 앞에 앉아 여든여덟 개의 건반을 수백, 수천 번 누르며 자신의 우주를 확장한다.

　"이 건반과 이 건반의 차이를 좀 보세요. 애는 색감이 많
죠. 밝은 느낌이에요. 그런데 이렇게, 이렇게 피아노 안의 줄
을 만지면… 이제 깊이가 다른 게 느껴지죠. 무게감이 달라
지고, 깊이감이 달라져요. 재밌죠? 질감이 많아지면 소리가
손끝에서 머무는 시간이 길어져요. 음, 애는 질감이 소리보
다 많아. 애는 소리가 더 두드러진 상태이고요. 이렇게 건
반 하나씩 누르면서 밸런스를 만들어나가는 거예요."

　도대체 무슨 말인지, 찰나로는 아는데 이해는 할 수가
없었다. "네?", "아!", "오…" 같은 맞장구만 겨우 칠 뿐이었
다. 큰 문제는 없다. 나는 이세호의 우주를 분석하려는 게
아니었으니. 그가 테크니션이라는 직업 세계를 발견하게
된 계기, 1밀리미터씩 피아노 건반을 누르고 또 누르며 애
써온 과정을 듣고 싶었을 뿐이다. 사람이 아닌 악기를 위한
듯한 온도의 공방에 앉아 긴 치마와 로퍼 사이로 스치는 찬
바람에 종아리를 비벼 가며 이세호가 말로 그려 보이는 세
계를 함께 떠올렸다.

꿈을 만나기까지

이세호는 자신의 우주를 조금 어렵게 찾았다. 경남 진주에서 나고 자란 이세호는 그곳의 한 대학에서 전자공학을 공부하며 음향학에 관심을 가지게 됐고, 조율학원에 다니며 일했다. 진주에서 서울 관악구로 피아노를 옮겨야 하는 일이 생겨 트럭을 운전하던 스물여섯의 어느 날, 그는 우연히 서울대학교의 정문을 보게 됐고 어쩐 일인지 "횡격막에 경련이 올 정도로 엉엉 울었다"고 한다.

"내비게이션 없이 지도 보고 다닐 때였는데, 길을 잘못 들어서 옆자리 사장님한테 한소리 듣고 유턴했거든요. 그곳이 우연히 서울대 앞이었던 거예요. 학생 때 공부를 안 하긴 했는데, 공부해야겠다는 생각 자체를 못 해봤다는 게 갑자기 서럽더라고요. 그때까지 돈 벌 생각 아니면 놀 생각뿐이었거든요. 꿈을 가지고 뭔가를 노력하는 인생을 나도 가져볼 수 있을까, 그때 처음 떠올려본 것 같아요. 내 인생을 바꿀 만한 상상력과 자본은 일단 없으니, 새로운 환경에 나를 던져보자, 그 길로 독일에 가게 됐어요."

독일에 악기 제작 일을 배울 수 있는 도제 교육 시스템
이 있다는 걸 알게 되었고 바이에른에서 악기 전문 매장을
운영하는 니콜라우스 메츠라는 이름의 테크니션 마이스터
에게 영어로 짧은 편지를 보낸 후 비행기에 몸을 실었다.
숫자 읽기와 인사말 정도만 가능한 얕은 독일어 수준으로,
3개월짜리 어학 비자만 손에 들고.

문 앞에 도착한 그는 손바닥만 한 조각 케이크를 한 손
에 든 초라한 차림이었다. 자신의 삶을 새로이 밀어붙이듯
오긴 왔지만, 무엇을 어떻게 해야 할지 몰라 커다란 매장
앞에서 머뭇대며 서성인 것이 독일에서의 첫 기억이다.

"심장이 너무 떨리더라고요. 무슨 말을 어떻게 해야 하
나. 그런데 마침 천만다행으로 피아노 레슨을 받으러 온 한
한국인 남학생을 우연히 마주쳤어요. 악기 제작 일을 배우고
싶다, 내가 편지 보냈던 그 사람이다. 그 친구의 통역 덕에 제
상황을 일단 잘 전달할 수는 있었어요. 근처 어학원에서 공
부하면서 어학원 기숙사에서 지낸다고 했더니, 그냥 그러냐
고, 가끔 한 번씩 들르라고 대수롭지 않게 받아주더라고요.
그 길로 매일매일 출근했어요."

첫 6개월은 오전엔 어학원, 오후엔 이 매장에서 시간을 보냈다. 그 후로는 아침부터 저녁까지 모든 시간을 이곳에서 보냈다. 출퇴근하라는 말을 들은 것도 아니고, 월급을 받는 것도 아니고, 하다못해 끼니를 얻어먹는 것도 아니었다. 마음대로 자리를 펴고 앉은 셈이다.

피아노나 부품을 옮기는 일부터 마당 잔디 깎는 일까지 닥치는 대로 하며 1년 가까운 시간을 보낸 건 그 시간이 이세호가 처음으로 꾸는 꿈이었기 때문이고, 동시에 더 큰 꿈으로 향하는 문이었기 때문이다.

"'잠깐 이것 좀 도와줄래?' 하면 얼른 가서 들고 옮기고 하는 거예요. 처음 한두 번이 어렵지 한 공간에 계속 머물다 보면 그 안에서 나름의 역할이 생기잖아요. 주말이면 천국이었어요. 근무하는 사람이 적으니 할 수 있는 일이 늘어났죠. 돌이켜보면 무척 행복한 시간이었어요. 어학 비자로 머물 수 있는 최대 기간인 1년이 끝나갈 땐 사생결단의 심정이었어요. 나를 받아달라, 이 말을 엄청나게 멋있는 표현으로 했어요. 머릿속으로 수백 번 시뮬레이션했거든요."

당시 이세호에게 한국으로 돌아간다는 건 꿈이 없던

시절로 돌아가는 것과 같은 의미였다. 이세호가 원한 건 마이스터가 자신을 정식 제자로 받아주는 것이었다. 제자로 인정한다는 의미의 계약서를 써주면 그것을 관청과 수공예 협회에 신고하고 학교와 국가로부터 지원을 받아 악기 제작학교에 다닐 수 있게 된다. 당시 메츠는 제자를 한 명 두고 있었고, 두 명을 가르치는 일은 쉽지 않다는 이유로 처음에는 이세호를 거절했다고 한다.

"제가 마이스터가 된 후에, 그러니까 9년 몇 개월쯤 지난 후에 메츠가 하는 말이 '당시에 내가 너를 왜 받아주었는지 아느냐, 받아주지 않으면 네가 정말로 배를 가르고 죽기라도 할 것 같았다' 하더라고요."

이세호는 여기까지 얘기하며 조금 울었다. 용감하고 무지한 채로, 절박하게 그가 축구공을 끌어안은 순간이다. 많은 이가 꿈을 이룬 순간을 향해 박수를 보내지만, 꿈을 갖게 된 순간도 못지않게 극적일 수 있다. 이로부터 이세호의 본격적인 훈련이 시작됐다.

이루기, 성장하기

마이스터, 즉 장인이 되려면 공인된 악기 제작학교에
서 정규 과정을 밟아야 한다. 이세호는 오스카 발커 슐레
(Oscar Walcker Schule)라는 이름의 학교에서 공부했다. 석 달
은 학교에서 이론을 배우고, 석 달은 마이스터 메츠로부터
실무를 배우는 식으로 번갈아 학습했다. 이세호가 학위증
파일을 열어 나열해준 과목명으로는 "목공, 피아노, 하프시
코드, 기술 수학, 기술 도면, 재료학, 역학, 음향학, 회계, 법
과 사회학, 직업교육, 경제학, 컴퓨터 기술, 계산, 중량" 같
은 것들이 있었다. 메츠의 악기 전문 매장에서 피아노를 뜯
고 만지고 조립하는 감각과 꽤 멀어 보이는 단어도 언뜻언
뜻 들린다.

"매일 1교시부터 8교시까지 들어야 했는데 응용은커녕
처음에는 독일어로 된 수업을 따라가는 것조차 어렵더라고
요. 판서 보면서 무조건 옮겨 적고, 집에 돌아와 종이 사전으
로 찾아가며 한국어로 풀이하는 일을 밤마다 했어요. 하루라
도 거르면 큰일 나는 거예요.
한국에서 흔히 하는 실무 중심의 직업 교육과는 다르게

그곳에서는 문제를 발견하고 해결하는 능력을 길러주어요. 마이스터가 된다고 해서 무조건 당장 완벽한 소리를 빚어낼 수 있는 건 아니에요. 어떠한 문제에 부딪혔을 때 어떠한 영역에서 어떻게 해결할 수 있을지 스스로 발견할 수 있도록 가르치죠."

3년 6개월의 기초 과정을 마치고 나면 게젤레(geselle, 숙련공) 자격이 부여된다. 그리고 다시 2년간 마이스터 과정을 지내고 독일 정부가 주관하는 시험까지 통과하고 나면 마이스터(meister, 장인) 칭호를 얻는다. 이세호는 마이스터가 되기까지 9년 조금 넘는 시간을 보냈다. 중간에 포기하는 이도 물론 많다. 한 분야의 마이스터가 되면 인종을 불문하여 존중받는다고 한다. 우리나라로 말하자면 무형 문화재 보유자 같은 것이지 않을까.

2013년 스타인웨이(Steinway & Sons) 본사로부터 부름을 받아 바이에른에서 프랑크푸르트로 거처를 옮긴 후의 5년은 그야말로 이세호가 막연하게 상상해온 꿈 같은 장면의 연속이었다. 이세호가 품은 우주가 비옥한 땅과 거목들로 확장되던 시기다.

"공연을 정말 많이 봤어요. 동네마다 크고 작은 클래식 페스티벌, 재즈 페스티벌이 여럿 열리니까 가서 일하고, 음악가들도 많이 만나고, 맥주 마시고…. 행복한 나날들이었죠. 체격이 크고 우락부락하게 생긴 게 어릴 때는 참 콤플렉스였는데, 그 덕에 학교에서나 일터에서나 인종 차별 같은 건 받아본 적이 없어요. 긍정적인 성격이라 자연스럽게 모르는 체했는지도 모르지만요.

제가 느끼기에 독일은 음악을 삶 그 자체로 여기는 것 같아요. 굳이 비교해 말하자면 한국에서는 음악이 하나의 문화, 즉 삶과는 다른 어떤 영역이라 잘해야 한다는 생각도 있고 그 강박이 삶을 내리누르기도 하는데, 독일이라고 완전히 다른 건 아니지만 그 경계선이 좀 흐릿하달까요. 음악과 일상이 균형을 이루며 같이 굴러간다면, 한국에서는 좀 더 잘해내야 하는 어떤 '일'처럼 여기는 것 같아요."

프랑크푸르트 음악대학, 프랑크푸르트 오페라하우스를 비롯해 클래식 음악의 중심지에서 많은 경험을 하며 직업인으로서도 성장했다. 이세호는 이 시기에 자신의 업을 "물리적, 정서적 보험"이라고 정의했고, 지금까지도 그 생각을 이어오고 있다고 한다. 그가 들려준 헬무트 도이치와의 일화가 적절한 예다. 헬무트 도이치는 1945년생 오스트 리아 출신으로 가곡 분야에서 손꼽히는 전문 반주자다.

"연주회 당일 리허설이었는데, 헬무트 도이치가 조금 더 따뜻하고 둥근 소리를 원하더라고요. 당시 공연장에 있던 피 아노는 젊고, 캐릭터가 센 느낌의 악기였어요. 위치를 약간 조정해 원하는 소리에 도달할 수 있게 돕겠다고 했더니, 뜨 뜻미지근해하며 바늘로 해머를 찔러 경직도를 완화해달라고 실질적인 조치를 요구하더라고요.

본사 소유의 악기였고, 그날은 토요일이라 승인할 사람은 모두 퇴근한 상황이었어요. 내 권한이 아니라서 어렵겠다고 했더니 극장장을 데려왔어요. 하하. 일이 커진 거죠. 이후 회 사와 연락이 닿았고 도이치에게 미안하다, 15분만 달라, 커 피 한잔 하고 오시라 이야기했어요.

결국 해머에는 손도 대지 않았어요. 애초에 생각한 수준 으로 조율만 했는데 돌아온 도이치가 무척 만족해하더라고 요. 아, 나는 보험이구나, 그때 생각했죠. 속임수를 쓰겠다는 게 아니라 익숙하지 않은 악기를 마주한 연주자의 마음을 들 어주고 긴장감을 달래줄 수 있는 역할까지가 제가 할 일이라 는 걸 알았어요.

주어진 시간 안에 어떠한 형태로든 시도해보는 게 중요하구나, 끝끝내 도달할 수 없는 경지를 원하더라도 안 된다는 말을 쉽게 꺼내지는 말자, 나는 음악가들의 보험이다. 제가 얻은 배움이고 깨달음이에요."

다시 꿈꾸기

30대 중반쯤이 되면 어느 정도는 꿈을 이룬 것 같긴 한데, 꿈을 이루었다는 기쁨 같은 건 조금도 느껴지지 않는 시기가 온다. 현재의 내가 느끼는 감각이기도 하다. 번뜩이는, 기발한, 착상, 아이디어 같은 단어를 상상하고 때로는 성취하기도 했던 20대는 아득하고, 하던 일을 유지하고 지속하는 오늘과 오늘과 오늘이 또 다른 의미로 아득한 이 시기.

반짝였던 순간은 반짝인 대로, 초라했던 기억도 그것대로 모두 짊어지고 지금 하는 일을 성심성의껏 굴려 가야만 한다. 언젠가는 깊고 탄탄한 나만의 무언가를 만들어낼 거라 믿으며.

이 인터뷰를 나누기 며칠 전 그는 피아니스트 백건우의 새 음반 녹음 현장에 다녀왔다고 했다. "도망치고 싶었던 경험"이자 "소중한 경험"이라는 소회를 들려주었다.

"2주 정도 같이 보냈는데 너무 힘들었어요. 요구사항이
무척 많으시더라고요. 저도 건반 안에서 많이 느끼고 있다고
생각했는데, 선생님이 요구하시는 게 하나부터 열까지 틀린
말이 없었어요. 원하는 바가 이루어지지 않는 것에 대해 화
를 낸다거나 모욕을 주거나 하는 일은 당연히 없고 그저 가
능하면 해달라 말씀하시는데, 그걸 전부 완벽하게 해결할 능
력이 나에게 없다는 게 미치겠더라고요.

(아무리 해도 모르겠고 안 되면 어떻게 하나요?) 그래서 머리
쥐어뜯으며 여기 피아노 앞에 나와 맨날 혼자 앉아 있는 거
예요. 주말에도 앉아 있고, 방법을 찾기 위해서도 앉아 있고,
아무 생각 없이도 앉아 있고…."

테크니션이 되고 싶다는 꿈을 꾸던 이세호는 40대를
살아가며 "지금 하는 일을 조금 더 잘하고 싶다"는 또 다른
꿈을 꾼다. 책을 쓰는 작가가 되고 싶던 내가 가치 있는 이
야기와 문장을 만들어내고 싶다는 바람을 품는 것과 비슷
한 마음일 것이다.

어린 시절에 품었던 원대한 꿈에 비해서는 초라하지만

훨씬 어렵고 구체적인 소망들이다. 이 시기를 잘 통과하고 나면 각자의 영역에서 '백건우'가 될 수 있을까. 백건우 선생님은 음악을 완벽하게 즐기고 계시려나.

팬데믹 시기 이후 직장으로부터 겸직 허가서를 받은 이세호는 한국으로 돌아와 두 번째 정착기를 보내고 있다. 단순히 피아노를 조율하는 일에만 국한한 이 직업 세계를 확장하는 일에 힘쓴다.

"피아노 건반 하나하나마다 수없이 많은 움직임과 표현이 있어요. 빠르다, 느리다, 무겁다, 가볍다, 깊다, 얕다 같은. 뛰어난 피아니스트일수록 다채로운 결을 표현하겠지요. 삶속에 철학이 깊어지고 감정의 층위가 다양해졌는데 그걸 표현해낼 건반이 단조로워서는 안 되니까 열두 가지 색연필을 50개, 100개로 세분화해서 원하는 걸 꺼내 쓸 수 있게 만드는 게 제가 하려는 일이에요. 음을 고르게 잘 맞추는 기본적인 조율 일을 넘어 더 까다롭게 세부적인 발전을 원하는 사람들의 요구를 충족하는 일을 제안하고, 또 만족시키는 일을 지속하려고 해요."

FINE

"반짝였던 순간은 반짝인 대로,
초라했던 기억도 그것대로
모두 짊어지고 지금 하는 일을
성심성의껏 굴려가야 한다."

"주어진 시간 안에 어떠한 형태로든
시도해보는 게 중요하구나, 끝끝내
도달할 수 없는 경지를 원하더라도
안 된다는 말을
쉽게 꺼내지는 말자."

**나
래
솔**

크리에이터, 피아니스트, 작곡가
1991년생. 줄리아드 음악원, 토론토 왕립음악원
글렌굴드스쿨에서 피아노를 공부했다. 엘프 필하모니 상주
크리에이터로 활동했으며, 현재 유튜브 채널 '나래솔(Nahre
Sol)'을 운영한다.

자기만의 이상한 나라를
만드는 앨리스

말과 글 중 글이 더 좋다. 생각한 것을 정리해 표현하는 두 가지 방법 중 생각과 표현 사이 정리에 시간이 더 많이 주어지는 게 글이다. 순발력이 부족한 나로서는 주워 담을 새 없이 멀어져가는 말들이 부끄러웠던 적이 많다. 살을 좀 붙일 수도 있었는데, 더 멋있는 수식을 할 수도 있었는데 하는 생각을 아주 많이 한다. 작은 모임에서도 그러한데, 강연이라면… 그야말로 질색이다. 내 속을 있는 그대로 까뒤집어 내보이는 것만 같다.

　책을 두 권 내고 나니 감사하게도 몇몇 강연 요청이 있었다. 엉겁결에 크고 작은 자리에 몇 번 서고 난 후 아, 역시 안 하는 게 좋겠다는 생각을 하긴 했지만, 그래도 말이 가진 힘을 깨달을 수 있었다. 글로 적을 수 없는 미묘한 것, 덜 중요하게 여겨지지만 사실은 더 중요할 수도 있는 것, 친근한 무언가를 말이 하고 있었다. 말로만 할 수 있는 뭔가가 있다.

음악 분야에서 일하기를 희망하는 대학생 열 명을 대상으로 공연 예술 콘텐츠를 기획하고 작성하는 방법을 이야기한 적이 있다. 그간의 경험과 사례를 글로 먼저 정리한 후 어색하지 않게 말로 전했다. 강연을 거의 마칠 때쯤 순수하면서도 비장한 예비 동료들의 눈빛을 마주하고 있자니 이런 말이 절로 튀어나왔다.

"그… '우물을 파도 한 우물을 파라'는 속담이 있잖아요. 이 말대로 하는 사람은 이제 아무도 없지만요. 저는 한 우물이든 여러 우물이든 어쨌든 계속 파는 게 중요하다고 생각하는데요. 그러니까 음… 우리는 문화예술, 그중에서도 클래식 음악이라는 땅에 우물을 파고 있으니까 일단 시작은 한 셈이에요.

그런데 파다 보면 이 길이 맞는지, 도대체 물이 언제 나오기는 하는 건지 알 수가 없고 답답한 순간이 올 거예요. 저는, 그럴 때는 속도나 방식을 바꿔보는 것도 방법이라 생각합니다. 이상한 모양으로도 파보고 또 곁길로도 가보고….

그러다 보면 어디에도 없는 이상하고 특이한 우물이 될 텐데, 그 우물이 자기 마음에 드는 게 중요해요. 그게 성공…인 것 같아요. 그 힘으로, 그 특이한 우물에서 물을 많이 길어가면서 재밌게 사는 게 성공한 인생이라고 저는 생각합니다."

대체로 좋았다는 형식적인 후기만 전해 들었지만, 나의 시뻘게진 얼굴과 빨라진 말의 속도에서 참석자들은 그래도 느끼는 바가 있지 않았을까. 저 사람은 진심으로 뭔가를 공유하고 싶어 하는구나, 응원하는 마음이구나 하는. '공연 예술 콘텐츠 만들기'를 주제로 글을 썼다면 이런 이야기는 담지 않았을 것이다. 특히 '성공한 인생' 어쩌고 같은 표현은 더더욱. 현장에서 내가 말에 실은 동지애, 격려 같은 마음은 글에는 실리기가 어렵다.

피아니스트 겸 작곡가 나래솔의 유튜브 채널을 볼 때면 비슷한 울림이 있다. 음악을 만드는 이들, 음악을 사랑하는 이들과 풍부하고 깊이 있는 무언가를 나누고 싶다는 의지가 느껴진다. 물론 그는 얼굴이 시뻘게지거나 하는 일이 없다. 말하고자 하는 바를 분명하고, 아주 경쾌하게 전달한다.

'음악가로서 동기 상실과 싸우는 법', '나의 실패한 음악 경력을 구해준 간단한 습관', '세계 최고의 음악학교에서 배운 결코 잊을 수 없는 일곱 가지 교훈', 이런 제목으로 10분 남짓의 영상을 게재

하는데 이것들은 조언이기도, 응원이기도, 새로운 발상의 제안이기도 하다. 전공서, 이론서, 참고서 어디에도 없는, '내가 학생이었을 때 화음을 이렇게 배웠더라 면' 같은 영상에는 화성을 탐닉하다 어떠한 깨달 음을 얻은 자만이 할 수 있는 이야기들이 담겼다.

"음악에 법칙의 영역과 그 외 자유로운 영역(hard science and soft science)이 있다고 한다면, 두 가지가 불균형하게 이 야기되고 있다는 걸 어느 순간 깨달았어요. 음악을 공부하 고 만드는 동안 제가 가장 크게 성장했을 때는 '감정' 같은 내 밀한 주제에 집중했을 때, 문화가 음악에 어떻게 녹아 들어 갔는지 살폈을 때, 정신적인 부분이 어떠한 새로운 전략으로 표출되는지 들여다보았을 때, 그런 때였어요.

이러한 내용에 더 많은 주의를 기울여야 한다고 생각해 요. 그래서 이것들을 다루는 일에 최선을 다하고 있죠. 영 상에 대한 아이디어라면 끝없이 낼 수 있어요. 그러나 그중 무엇을 선택해 만드느냐 묻는다면 제가 가장 관심을 두고 있는 것 그리고 어려움을 느끼고 있는 것을 이야기하려고 해요."

음악을 배우고 준비하는 젊은 세대는 더 다양한 추상적인 질문을 마주할 필요가 있다. 동시에 실질적인 질문에도 각자의 답을 찾아야 한다. 그러나 대체로 공통의 답이 있는 질문만 받게 된다. 음악을 표현하는 법칙만 훈련한 채 그 안에 담을 내면의 이야기를 길어 올릴 방법을 찾지 못하게 되면 많은 날을 '우울한 기술자'로 지낼 수밖에 없다.

음악가를 위한 채널 나래솔

이 글을 쓰는 현재 나래솔 채널의 구독자는 74만 명이다. 클래식 음악 분야에서는 가장 많은 이가 보는 채널로 손꼽힌다. 2023년, 독일의 엘프 필하모니는 '상주 크리에이터(Creator In Residence)'라는 직종을 새로 만들어 나래솔을 위촉했다. 상주 작곡가, 상주 연주자는 흔하지만 상주 크리에이터는 처음이다. 나래솔은 음악가-청중-미디어 전부를 아우르는 역할을 소화한다. 음악가 인터뷰, 작품 소개 같은 내용을 다양한 형식의 영상물로 제작한다.

"디지털 갤러리라는 세계와 라이브 콘서트홀이 결합한 곳에서 일하는 기분이에요. 음악가들과 소통하는 일 그리고 가치 있는 인사이트를 얻는 일은 제게 만족감을 느끼게 하죠. 이 업의 유일한 어려움은 조직에 적응하는 것이에요. 그간 일해온 방식과는 다르게 뻣뻣한 자세를 취해야 할 때가 종종 있더라고요."

나래솔은 피아니스트로서 정체기를 겪던 시기에 가족과 친구, 어딘가에서 음악을 공부하고 있을 학생들을 청자로 상정하여 개인적인 영상을 만들어 올리기 시작했다. 연습 장면을 짜깁기한 영상물을 시작으로, 음악 분야의 많은 이가 영감을 얻고 공감할 만한 이야기를 전하고 있다.

그의 채널은 음악가들에게 뜻하는 바가 크다. "나의 작품과 음악 스타일이 전통적인 음악 환경에 놓이기에(place) 적합하지 않다는 것을 깨닫고 나만의 청중을 찾아야겠다고 생각"했다는 점에서 새로운 세대의 음악가들이 스스로 세상에 내보이는 방식을 새로이 고민하게 한다.

"시작은 비디오를 통한 실험이었어요. 저는 카메라를 다루는 일, 무언가를 만들어내는 일을 좋아해요. 피아니스트를 그만둘 뻔했던 시기에 사진작가, 그래픽 디자이너로 일한 적이 있거든요. 영상물을 만드는 일은 독창적이고 개성 있는 음악 작업 방식부터 티칭의 영역까지 다 아우를 수 있다는 점에서 유용해요. 또 이 일에서만큼은 저만의 규칙을 만들 수 있으니 그 점도 마음에 들죠. 어렸을 때 관심사가 한곳에 집중되어 있지 못하고 너무 산만하다는 지적을 받은 적이 있어요. 그 단점이 오히려 지금까지의 커리어를 만들었다고 생각해요."

그에게 채널 나래솔은 궁극적으로 자신의 음악을 알리는 창구이자 수단인데, 바로 그 점이 이 일에 진심과 열심을 담도록 만든다. 그는 음악가들이 소셜미디어를 활용하는 일이 얼마나 절대적으로 중요한지 강조한다.

다른 예술 분야에 비해 특히 클래식 음악 분야는 재능과 기술, 연습을 통한 발전, 경험, 이 모든 게 쌓여도 청중을 만날 기회가 잘 주어지지 않는다. 유명한 국제 대회에서 입상하거나 세계적인 레이블과 계약을 맺는 일이라는, 바늘구멍을 통과하는 것 같은 길 외에 뚜렷한 방법이 없다. 훌륭한 음악을 선보일 준비를 마쳤다면 청중이 없어 좌절하고 포기하는 대신 스스로 자신만의 숨은 청중을 찾아 나설 필요가 있다는 게 그의 생각이다.

"중요한 것은 지금 이 순간 자신이 가장 흥미롭게 느끼는 것이 무엇인지 질문하는 거예요. 만약 슈베르트 즉흥곡 D.899라면 연습 혹은 연주하는 영상을 그대로 올릴 수도 있고, 저라면 교육적인 부분을 추가할 거예요. 다른 재미있는 아이디어가 있다면 담을 수도 있겠죠. 트렌드를 좇으려 애쓰는 일도 중요하지만, 이것은 '일반적'이라고 인식되는 것에 그저 섞이기만 할 수 있어요.

다른 이들의 시도를 참고하는 것보다는 자신의 마지막 게시물로부터 메모하는 게 중요합니다. 게시물마다 보이는 작은 개선들이 더 많은 기회를 가져다줄 거예요. 고유한 목소리를 만들고, 자기 자신으로서 돋보이게 만들어 궁극적으로는 협업을 위한 길로 데려다줄 겁니다. 얼마나 많은 사람이 보고 있는지보다 누가 주의를 기울이는지 살펴볼 필요가 있어요."

청자를 위한 채널 나래솔

음악가가 아닌 감상자로서는 고정된 감상의 틀 바깥을 경험하게 해준다는 점이 즐겁다. 클래식 음악계는 암묵적으로 전제하는 '듣는 형식'이라는 게 있다. 이는 때때로 풍

부한 청취 체험을 특정 패턴에 욱여넣는 불편한 거푸집이 된다.[•]

음악에 대한 만족스러운 체험으로 클래식 음악 분야에 접근한 이들 중 몇몇은 이 거푸집에 적응하지 못하고 자기 감각을 의심하며 돌아서기도 한다. 한편 클래식 음악 분야에서는 이 거푸집을 최대한 친절하고 쉽게 설명하려는 시도들이 '클래식의 대중화'라는 이름으로 이루어진다. 나래솔은 거푸집 주변의 무언가, 그러니까 미학 언어 바깥에 존재하는 흥미로운 감각들을 끌어온다.

드뷔시의 피아노곡 「달빛」을 좋아한다면 '무엇이 드뷔시의 「달빛」을 천재적으로 만드는가?' 편에서 「달빛」의 어떠한 화성, 리듬 요소가 이 곡을 우아하고 신비롭게 만드는지 설명을 들을 수 있다. 그 설명이 표시된 악보를 눈으로 보며 연주를 들을 수도 있다. 나아가 나래솔이 「달빛」을 듣고 영감을 받아 작곡한 후주를 감상할 수도 있다.

누군가의 음악적 해석을 엿보는 일은 곡에 대한 깊이

• 오카다 아케오, 『음악을 듣는 법』, 홍주영 옮김, 끌레마, 2023, 13-15쪽.

있는 이해를 돕는다. 작곡가의 삶에 대해 읽거나 시대적 배경을 공부하는 일보다 '감각' 자체에 도움이 되는 음악적인 학습이다.

만약 〈스타 워즈〉, 〈인디아나 존스〉, 〈쉰들러 리스트〉 같은 존 윌리엄스 영화음악의 팬이라면 '존 윌리엄스의 비밀 공식' 편에서 윌리엄스가 대본, 등장인물, 각 캐릭터의 심리 변화를 음악 안에 어떻게 가져오는지, 이를 연주하는 연주자들이 느끼는 바는 무엇인지, 나아가 영화음악 산업에 대해서도 살펴볼 수 있다.

나래솔 채널 인기 동영상인 '열 명의 작곡가 스타일별 생일축하곡'은 익숙한 멜로디를 통해 요약하는 클래식 음악사다. 나래솔의 영상 속 바흐는 대위법적으로, 슈만은 서정적으로 시작해 격정으로 치달으며, 존 케이지는 피아노 줄에 각종 장치를 달아두고 패턴을 반복해가며 생일을 축하한다. 그의 영상은 진지하고, 그러면서도 유쾌하다.

나래솔은 연주 여행과 영상 제작 외에 '인풋'을 위한 시간을 확보하려 노력한다. 피아니스트로서, 작곡가로서, 크리에이터로서 일상을 효율적으로 쪼개는 방법을 찾고 있다고 한다.

"연주 등 일을 위해 이동하는 시간과 집에서 조용히 머무는 시간을 비슷하게 조절하려 노력하고 있어요. 카메라와 콘텐츠를 만드는 일에만 너무 몰입하면 안 된다는 걸 배우는 중인 것 같아요. 피아노 연습과 작곡, 그 외 음악 공부를 위한 개인적인 시간을 늘리려고요. 제 주변에는 제 음악을 주기적으로 확인받고 배울 멘토들이 있어요. 또한 연주와 곡 발표, 그리고 영상 게재 후 잘한 것, 개선할 것을 평가하는 시간도 충분히 가지려고 애쓰는 중이에요."

이상한 나라로 간 앨리스

줄리아드 음악원 졸업 이후 토론토 왕립음악원 글렌굴드스쿨에서 피아노를 공부하는 동안 그는 음악가로서 어려운 시절을 보냈다. 작은 아파트에서 장학금을 받아 생활하던 시기였고, 원하지 않는 오디션과 대회에 반복적으로 참가하느라 완전히 지쳐버렸다고 한다. 미국으로 돌아왔을 때 몸담았던 음악계로부터 완전히 멀어진 것을 확인했다.

전통적인 클래식 피아니스트라는 틀에 자신을 욱여넣으며 쌓아온 압박감, 그로부터 자신이 결코 보람을 느끼기 어렵다는 사실을 깨달았다. 그리고 완전히 다른 일을 하기 시작했다. 사진작가, 그래픽 디자이너로 일했던 경험은 오늘날 크리에이터로서 하는 일에 밑거름이 되었지만, 당시에는 거의 모든 인맥을 잃게 했다.

현재 그는 클래식 음악계와는 살짝 동떨어진 어딘가에 홀로 자신만의 세계를 튼튼하게 만들어가고 있다. 피아니스트로서, 작곡가로서 여러 분야 음악가들과 협업하며 다양한 활동을 이어간다. 그의 첫 자작곡 앨범의 타이틀은 「이상한 나라의 앨리스」(2020)다. 앨리스는 나래솔의 또 다른 이름으로, 스스로 지었다.

"저는 나래로서 여러 사회 활동을 하지만, 못지않게 앨리스로도 많이 불려요. 나래솔은 아버지가 지어주신 한자 이름이에요. 공명하는 소리, 지혜, 흔들림 없는, 소통 등 여러 의미를 담고 있다고 알고 있는데, 완전히 이해하고 있지는 못해요! 앨리스는 유치원 시절 제가 선택한 이름인데, 아마 그 시기에 어머니로부터 '이상한 나라의 앨리스' 이야기를 들어서였던 것 같아요."

작곡가로서의 행보는 이제 막 시작한 셈이다. 오랫동안 훈련받은 피아노와는 달리 레슨과 개인 학습을 통해 작

곡 지식을 확장하고 있다. 피아노를 주로 활용하지만 신시
사이저 같은 전자 요소를 적극적으로 사용하며, 오케스트
라 사운드로 자신의 내면을 표현하는 일에도 적극적으로
힘쓴다.

　"작곡할 때 전통적인 법칙, 방식을 염두에 두지만, 궁극적
으로는 법칙이 없다고 생각합니다. 저에게는 다채롭게 뒤섞
인 관심사가 있고, 그걸 사운드로 표현하기 위해 노력할 뿐이
에요. 신시사이저에 대한 관심은 점점 더 커지고 있어요. 피
아노보다 더 넓은 범위로 소리를 형상화할 수 있다는 게 무척
흥미로워요. 어쿠스틱 악기와 전자 요소를 결합하려는 실험
을 계속하고 있어요. 물론 늘 성공적인 건 아니고요."

　그의 꿈은 "나래솔 쇼를 만드는 것"이다. "전통적인 의
미의 음악회와 영상물의 교육, 엔터테인먼트 요소를 모두
아우르는 방식"을 그리 머지않은 미래에 선보이려 한다. 그
는 젊은 세대의 많은 음악가가 자신만의 이상한 나라를 이
루어나가길 진심으로 바란다. 그것이 전체 음악 공동체에
도 이로울 거라 믿는다.

"다른 사람이 약점이라 지적하는 부분이 실제로는 강점일 수 있어요. 정말로 그렇더라고요. 다른 누군가의 생각에 휘둘리지 마세요. 당신의 열정을 믿어보세요!"

FINE

"더 다양한 추상적인 질문을
마주할 필요가 있다.
동시에 실질적인 질문에도
각자의 답을 찾아야 한다."

"중요한 것은
지금 이 순간 자신이 가장
흥미롭게 느끼는 것이 무엇인지
질문하는 거예요."

박
주
영

아마추어 오케스트라 '메리 오케스트라' 대표
1989년생. 경희대학교 작곡과를 졸업하고 현재 문화예술법인
메리(MERRY)를 운영하고 있다.

클래식 음악으로 들어가는
다른 문

클래식 음악을 만끽하는 가장 확실한 방법은 직접 해보는
것이다.

창의력 넘치는 청중만이 음악가들과 협력한다는 과제를
수행할 수 있다. 누리고 소비하기만 하는 청중은 창작자들을
마비시킬 뿐이다. 순수한 형식이 만들어지기 위해서는 창의
적 음악가만이 아니라 함께 창조하는 사회가 있어야 한다.*

음악 분야를 보자. 위대한 예술가가 있다. 그 주변에는
그를 둘러싼 산업들, 예컨대 매니지먼트, 출판사 등이 있
다. 이들을 날카롭게 혹은 분별 없이 관찰하고 기록하는 비
평가들도 있다. 관객석에는 19세기 부르주아들처럼 기분에

* 파울 베커, 『독일인의 음악 생활(Das Deutsche
Musikleben)』, 오카다 아케오, 『음악을 듣는 법』, 홍주
영 옮김. 끌레마, 2023, 231-232쪽 재인용.

젓듯, 몽상에 잠기듯 우아한 듣기를 취미로 하는 감상자들이 앉아 있다. 마지막으로, 아마추어들이 있다.

프랑스 사회학자 앙투안 에니옹(Antoine Hennion)은 취향에 관한 연구에서 '아마추어'는 마니아나 애호가, 열렬한 팬보다 능동적이고 적극적인 뉘앙스를 띠며, 전문가와 비전문가의 경계를 허무는 역할을 한다고 개념화한다. 에니옹에 따르면 아마추어들은 어떤 기준에 따라 활동하지 않고, 자신이 좋아하는 분야를 완벽하게 마스터하려고도 하지 않는다. 그저 행복하게 몰입할 뿐이며, 그러면서도 지속적으로, 창의적으로 기술을 재정비하고 지식을 다듬는다.[•]

특히 클래식 음악 분야에서 아마추어의 역할은 무척 중요하다. 오늘날 음악의 이상이란, 완벽한 미적 아름다움이 아니다. 사회를 반영하고, 또 그로부터 다시 사회에 영향을 미치는, 시대에 따라 달라지는 가치들을 있는 그대로 담아내는 움직이는 예술이다. 아마추어야말로 이 목표와 이상을 성실하게 열정적으로 좇는다.

• Pomiès, A. & Hennion, A. (2020), Researching taste: an interview of Antoine Hennion, *Consumption Markets & Culture*, 23, pp. 1–6. 인터뷰 답변 참조.

'메리 오케스트라'라는 단체가 아마추어 오케스트라로
는 처음으로 롯데콘서트홀 무대에 섰다는 보도를 접하기
전까지 나 또한 아마추어 음악가들을 향한 관심도는 낮았
다. 베토벤 교향곡 9번과 말러 교향곡 2번 같은 대
곡을 한마음으로 몰입하여 연주하는 영상을 우연
히 접한 뒤, 다양한 방식들로 기록된 성장 과정을 플랫폼들
을 오가며 나도 모르게 추적하게 됐다.

대학 동아리에서 시작해 지하철 역사에서 연습하고,
달리는 지하철에 올라타 연주하는 떠들썩한 젊음의 초상이
그 시작이다. 서울 중심의 프로그램을 대전, 춘천 등지로
확대하고 모집 대상을 고등학생-대학생에서 직장인, 시니
어로 확대하는 동안, 어떤 한 세계가 개척되고 있었다. 클
래식 음악 향유자들을 빠르게 배출해내는 어떤 활기찬, 커
다란 세계가 있었다.

다른 무엇보다 맨손으로, 대부분 암보로 진지하게 음
악적 성취를 추구하는 지휘자에 눈을 뗄 수가 없었다. 메리
오케스트라의 대표 박주영.

"우리 거의 15년 만에 만나는 거 아니냐."

"그러네요, 누나. 옛날 생각 나네요."

같은 학교, 같은 과 한 학번 후배와 어색하게 마주 앉

은 곳은 사당동에 있는 메리 오케스트라의 연습실이었다. 별로 달라진 게 없는 주영의 얼굴에 반가움을 느끼다 '옛날 생각 난다'는 인사 뒤에 잊고 있던 감각들이 달라붙었다. '옛날 생각 난다'는 관용 표현은 대체로 옛날을 그리워하는 기분, 애틋하고 아쉬운 어떠한 긍정적인 의미로 쓰이곤 하지만, 오랜만에 만난 우리가 그 순간에 공유한 감정은 적어도 나에게는, 좀 달랐다. 궁상맞기 짝이 없던 현생 그리고 그 반대 극단에 놓인 궁극의 아름다움을 학습하며 느끼던 막막함과 답답함이 스멀스멀 떠올랐다. 각자가 살길을 찾았다는 데 일단 안도하고 격려하는 일이 이 대화의 시작이었다.

채도 낮은 나날들

2백만 원. 주영을 처음 움직이게 한 돈이라고 했다. 대학생 동아리들을 대상으로 하는 사회 공헌 프로그램에 참여했던 계기로 한 기업으로부터 후원금을 받았다. 교생 실습을 하던 그의 아이디어로 고등학생-대학생이 팀을 이루어 문화 소외 계층을 대상으로 음악 활동을 하겠다는 기획안이 쓰였다. 주영은 무작정 지하철 역사를 찾았다고 한다.

경기도 부천 출신이라 자신에게 익숙한 부천역을 찾아
가 지하철에서 악기 연주를 해보겠다는 브로슈어를 내밀었
다. 스물여덟 살 때였다. "잡상인 취급을 하면서 나가라고
하더라고요." 다음으로 찾은 소사역, 역곡역에서도 마찬가
지였다. 그다음은 온수역.

"1호선 역무실에 거의 포기하듯 들어섰는데 조금 불쌍해
보였는지 7호선 역무실로 가보라는 안내를 받았어요. '아…
역무실이 두 개인가요?' 바보처럼 중얼거리며 그곳으로 갔
죠. 지금은 통합되어 없어진 '5678서울도시철도'에서 지하
철 문화축제라는 걸 한다고, 이런 단체를 찾고 있었다고 하
시더라고요. 정말 눈물 날 뻔했어요."

스무 명 정도가 팀을 이루어 역사 내 사람이 많이 오가
지 않는 곳에서 합주 연습을 하고, 달리는 지하철에 올라타
승객들에게 잘 알려진 클래식 선율, 영화음악, 대중음악 등
을 연주해 들려준 장면이 영상으로 기록되어 있다.

화면에는 박수를 보내는 승객도, 무표정한 얼굴로 무
관심한 태도를 보이는 승객도 스친다. 커다란 악기 가방을
든 앳된 얼굴들이 우당탕 오가는 모습은 지금에야 흐뭇하

고 예쁘다. 그러나 그보다 며칠 앞선, 역사로 들어가는 주
영의 뒷모습을 떠올리면 비슷한 시기, 나의 고달픈 과거들
이 겹친다.

　그때 나는 와닿지 않는 미학 수업을 간신히 버텨내고
정치경제학 수업을 몰래 들으며 글을 썼다. 아르바이트를
바꿔가며 하고, 별로 기대되지도 않는 입사지원서를 반복
해 썼다. 남들 다 겪는 과정을 꼴사납게 불쌍해하려는 게
아니다. 잘되겠지, 잘될 거야 하는 희망찬 마음으로 이 시
기를 보냈다면 조금은 행복하지 않았을까 하고 생각해보는
거다. 그때의 마음이란 '먹고살기'라는 룰렛을 돌리며 생존
을 점치는 암울함이었다. '뭐라도 해보자'의 태도는 뭐랄
까, 사람을 진공 상태로 밀어 넣는다.

　2백만 원 그리고 지하철 역사로 걸음을 뗀 그 순간으로
그의 방황이 끝났다고는 할 수 없지만, 그 경계는 크게 좁
혀졌을 것이다. 그래도 눈에 보이는 무언가를 그려보는 어
떠한 시작.

　주영은 대학교 4학년 때 관악기를 전공하던 친구 넷과
삼일절에 도쿄 하라주쿠 역에 가서 「아리랑」을 분 일이 있
었다고 한다.

"돌 맞겠지? 그럼 유명해질 수 있겠다, 이런 대화를 했어요. 하하. 그런데 다들 '스고이' 하며 박수를 치더라고요."

그는 안정적인 미래를 기대하던 부모님의 뜻에 따라 교직을 이수했고, 이때의 교생 실습 경험은 고등학생과 함께하는 메리 오케스트라 창단에 도움을 주었다. 뮤지컬 배우로 활동한 이력도 있다. 무려 2년이나. 주영은 이 시기에 터득한 자신만의 방법으로 수천 명 관객 앞 포디엄에 서도 떨지 않는다.

그도 20대 내내 흐릿한 기분이었을까. 완전히 알 길은 없다. 행복한 순간이 조금은 더 많았기를 바랄 뿐이다. 그 모든 경험과 마음으로 메리 오케스트라라는 그림이 선명해지기 시작했다.

점점 선명해지며

20인 규모로 시작한 메리 오케스트라는 현재 수십 개 프로그램으로 수백 명 단원을 수용한다. 주영 외에 언론정보학과 출신으로 함께 동아리 생활을 하던 김재원, 신민지가 창단 멤버다. 현재는 주영이 이 단체를 주도적으로 이끌고, 두 사람은 각자 직장 생활을 하며 단체 밖에서 오케스트라의 발전을 도모한다.

"우리 셋은 이걸로 돈 벌 생각하지 말자, 이렇게 약속했었어요."

수익을 추구하지는 않지만 안정적인 재정 운용을 위해 힘쓴다. 단원들은 곧 소비자이기도 하다. 또 이곳을 직장 삼아 생계를 이어가는 직원들이 있다. 몇몇 개인의 만족과 나름의 대의로 시작한 오케스트라 사업은 수요에 따라 그리고 팬데믹 같은 통제 불가한 조건에 따라 굴곡을 겪고 있다. 다행히 단체로서는 발전적인 방향성을 유지하며.

메리 오케스트라에 입단하면 5-6개월 활동하며 몇 번의 합주 연습, 연주회 기회를 얻게 된다. 회비는 선택 사항에 따라 크게 구별된다. 많은 시간과 노력을 들여 연주 실력을 키우고 멋진 연주를 해내고 싶다는 욕구 또는 안락한 취미 생활로 향유하고 싶다는 욕구에 따라 프로그램을 세분화했다.

"어느 팀은 예정된 합주 열 번 중 아홉 번은 참석해야만 연주회 무대에 설 수 있다는 조항이 있어요. 회비는 적어요. 또 다른 팀은 악기군별로 '파트 쌤'이 있어요. 아마추어가 아닌 프로 선생님들과 함께 배우면서 조금은 느슨한 책임감으로 활동할 수 있죠. 활동비는 비싼 편이고요. 시행착오를 거쳐서 만든 구성이에요. 실력 있는 오케스트라도, 실력은 조금 떨어지더라도 접근성은 쉬운 오케스트라도 '메리'라는 브랜드에 필요하더라고요."

초기에 품었던 '나름의 대의'는 새로운 기수를 향한 인사말마다 되새겨지고 있다. 온라인을 중심으로 확산된 혐오의 시대 속 면과 면이 만나 이상적인 가치를 추구하는 일이라는 자부심을 함께 나눈다.

"요즘은 누구 하나 작은 불편도 감내할 생각이 없으니까요. 내 곁에 앉은 다른 이의 소리를 들어가며 함께 아름다움을 추구하는 일이라는 뿌듯함이 있죠. 이곳에서 느낀 행복이 각자 돌아간 일터에까지, 가정에까지 퍼지기를 바란다는 말을 매번 끝인사로, 진심으로 하게 되더라고요."

2018년 7월에 광화문에서 연 야외 공연은 이러한 마음가짐을 공고히 한 계기가 됐다. 기록적인 폭염으로 모두가 지쳐 있던 그해 여름, '집회 허가'를 받고서 찾은 그곳에서 주영과 단원들은 예기치 못한 상황을 맞닥뜨렸다.

"저희가 공연하기로 한 장소에 이미 시위하고 있는 단체가 여럿 있었어요. 허가는 저희가 받았으니 나머지는 불법 점거죠. 알고 보니 그날이 7월 27일 남북 정전 협정의 날이더라고요. 연주한다고 80명이 몰려가니 그래도 비켜주긴 비켜주었어요. 각기 다른 정치적 목적의 시위 단체들이 사방으로 둘러싸 저희를 바라보는 구도가 만들어졌죠. 기분이 묘하더라고요. 「사랑으로」를 비롯한 여러 곡을 편곡해 연주했는데, 제가 보기에 우리가 정말 멋있었어요."

애초에 왜 광화문 공연을 기획했느냐 물으니, 잠시간의 머뭇거림 뒤에 "단원들과 함께 뭔가를 해냈다는 성취감을 공유하기 위해서"라는 대답이 돌아왔다. 그저 즐거움을 위해 광화문 같은 상징적인 장소에서, 난도 높은 야외 공연을 감행할 수 있는 것도 아마추어 오케스트라이기 때문에 할 수 있는 일이다.

엘리트주의라는 바위를 깨기

메리 오케스트라 연주회장 객석에 앉아보니, 객석을 찾은 이들도 전문 연주자의 관객들과는 다른 듯했다. 아마도 클래식 공연이 처음인 듯한 몸짓들. 내가 관람한 공연날 메리 오케스트라는 1부에서는 베토벤 교향곡 5번 「운명」전 악장을, 2부에서는 영화음악과 뮤지컬 등 잘 알려진 곡들을 편곡해 연주했다.

클래식 전용 공연장이 아닌 그 홀은 난방 장치가 거친 소리를 내며 뜨거운 바람을 쏘아대는 덕에 머리가 어질어질했다. 속닥대는 사람, 조는 사람을 뒤로 한 채 난방 장치만큼 거친 연주를 최선을 다해 끝까지 이끄는 주영의 모습이란 마치 전장의 장수 같았다. 40분 길이의 대곡을 모두 마치고 따로 박수 받을 만한 단원을 하나하나 일으켜 세우는 문화를, 등·퇴장을 반복하며 박수를 받고 앙코르를 이어가는 문화를 소개하는 일까지 놓치지 않았다. 그중 몇몇 제스처는 공연 문화가 아직 낯선 관객들에게 미처 다 이해받지 못했다.

주영은 클래식 전공생의 자존심이라고 할 만한 것, 프로페셔널 오케스트라의 지휘자가 아니라는 자격지심 비슷한 것들을 이미 오래 느끼고 생각해온 듯했다. 보통 전문 지휘자가 아마추어 오케스트라를 맡으면, 프로 오케스트라로 나아가기 위한 징검다리로 삼는다. 지휘자는 작곡가나 악기 연주자로 일찌감치 활동하다 나이가 조금 든 후 학습과 활동을 병행하는 경우가 많다.

"그렇게까지 클래식을 좋아한 건 아닌 것 같아요. 말러 교향곡 2번을 선곡한 이유도 워낙 어렵고 대곡이라 도전의 과제처럼 삼은 거예요. 그 안에서 어떠한 음악적 성취를 추구한다, 이렇게는 말 못 해요. 전문 지휘자들 연주 영상을 많이 봤어요. 곡에 대한 해석은 외국 논문들을 많이 참고하고요. 번역기 돌려봐도 잘 모르겠는 건 독일 유학 다녀온 후배를 찾아가서 물어보기도 하고요."

주영의 말을 녹취하며 표현들에, 문장들에 여러 생각이 턱턱 걸렸다. '그렇게까지' 음악을 좋아하지 않는다고 하기엔 그의 노력이 열렬하다. '그렇게까지'라는 표현이 상대하는 건 클래식 음악계라고 하는 중심, 그들이 추구하는 '궁극의 미', 고결한 태도, 고차원의 세계 같은 걸 포함한다. 그 이상 앞에 일상을 영위하며 즐겁게 좋아하는 사람이란

'아, 나는 그렇게까지 예술가는 아닌가 보다' 하게 되는 것
이다. 공식적인 자문이 필요해 음악학교 교수를 찾아갔다
가 거절당한 적도 있다고 했다.

    "저 선생님께 배웠던 제자예요, 하고 인사해도 달가워하
    지 않으시더라고요. 좀 서운하죠. 아마추어라고 하면 대체로
    그리 반기지 않아요."

    그동안 '클래식 음악의 대중화'라는 상투적인 목표 아
래 커다란 바위 같던 클래식 음악계에 크고 작은 길들이 놓
였다. 주영이 하는 일들은 엘리트주의적인 클래식계를 그
대로 둔 채 그 옆의 다른 땅에서 완전히 새로운 방식으로,
새로운 가치들을 길러내고 있다고 생각하게 된다.
    메리 오케스트라는 일본으로 활동 영역을 넓히기 시작
했다. 지하철 역사로 발을 뗐던 그 방식 그대로 일본의 고
등학교, 대학교 2백여 곳에 메일을 보내 합주하고 싶다는
뜻을 보냈다. 이유는? 그저 "단원들과 함께 새로운 성취와
기쁨을 누리기 위해. 그중 두 곳에서 긍정적인 뜻을 보냈고
도쿄의 덴엔초후중·고등학교, 메이지대학교와 즐거운 협
력을 이어가기로 했다. 주영은 요즘 매일 아침 시간을 일본

어 학원에서 보낸다.

객석으로 들어가는 일이 어렵게 느껴진다면 아예 악기를 들고 무대로 걸어 들어가는 것도 방법이다. 음악을 감상하는 일도 청중의 마음이 아닌 창작자의 마음이라면 더 가깝게 느껴질 수 있다.

'음악가 되기'라는 제목은 '음악가 한번 되어보기', '음악가가 되었다치고 한번 생각해보기'까지를 아우른다. '음악가의 태도로 살아가기' 또한. 아름다움을 살펴 찾는 마음으로, 그렇게 일상으로 간다.

FINE

"클래식 음악을
만끽하는 가장 확실한 방법은
직접 해보는 것이다."

"내 곁에 앉은
다른 이의 소리를 들어가며
함께 아름다움을 추구하는 일이라는
뿌듯함이 있죠."

○○○ 음악가 되기

1판 1쇄 발행   2024년 10월 20일

지은이	김호경	발행처	코난북스
편집	이정규	발행인	이정규
디자인	이지선	출판등록	2013년 9월 12일(제2013-000275호)
		전화	070-7620-0369
		팩스	0505-330-1020
		이메일	conanpress@gmail.com
		홈페이지	conanbooks.com

ⓒ 김호경, 2024   ISBN 979-11-88605-29-3   03670
                         정가 16,000원